中等职业教育"十四五"规划教材

职业教育课程改革规划创新教材

成本会计

智 慧 张春平 沈福花 主 编

中国经济出版社
CHINA ECONOMIC PUBLISHING HOUSE
中国石化出版社
HTTP://WWW.SINOPEC-PRESS.COM

内 容 提 要

本书依据最新颁布和实施的企业会计准则，以制造业成本计算为背景，围绕成本会计的对象、职能、任务和工作组织，成本核算的要求和程序，要素的归集与分配，辅助费用的归集与分配，制造费用与废品损失的归集与分配，生产成本在完工产品与月末在产品之间的分配方法以及产品成本计算的方法，成本报表的编制和分析方法等，编写相关内容及其对应的练习题。

本书适合职业院校财经类专业学生和在职财务人员参考使用。

图书在版编目(CIP)数据

成本会计／智慧，张春平，沈福花主编．—北京：中国石化出版社，2022.6

ISBN 978-7-5114-6732-4

Ⅰ.①成… Ⅱ.①智… ②张… ③沈… Ⅲ.①成本会计-中等专业学校-教材 Ⅳ.①F234.2

中国版本图书馆 CIP 数据核字（2022）第 093372 号

中国石化出版社出版发行

地址:北京市东城区安定门外大街 58 号

邮编:100011　电话:(010)57512500

发行部电话:(010)57512575

http://www.sinopec-press.com

E-mail:press@sinopec.com

北京科信印刷有限公司印刷

全国各地新华书店经销

*

787×1092 毫米 16 开本 10 印张 209 千字

2022 年 7 月第 1 版　2022 年 7 月第 1 次印刷

定价:33.00 元

《成本会计》
编委会

主　编：

智　慧　张春平　沈福花

副主编：

康　璨　杨荣花　张静雯　周　敏

编　委：

贾爱燕　胡荷赞　李　琴　李冬芸

袁　洁　何华姿

前言 PREFACE

本教材是为了满足中等职业教育财经商贸类专业成本会计课程的教学需要而编写。本教材依据最新颁布和实施的企业会计准则，以制造业成本计算为背景，围绕成本会计的对象、职能、任务和工作组织，成本核算的要求和程序，要素的归集与分配，辅助费用的归集与分配，制造费用与废品损失的归集与分配，生产成本在完工产品与月末在产品之间的分配方法以及产品成本计算的方法，成本报表的编制和分析方法等，编写相关内容对应的练习题。本教材注重实用，习题在难度上有一定梯度，可适应不同学制、不同办学条件的教学要求。

本教材与《财务会计》和《初级会计实务》无缝对接，结合《财务会计》所讲授内容编写，并补充初级职称教材《初级会计实务》内容，尽量帮助学生在学习《成本会计》后自学《初级会计实务》，考取初级会计职称。

本书既可作为中等职业教育会计专业教材使用，也可作为各类会计职业技能培训的教学用书或供学习成本会计知识使用。

由于编者水平有限，加之时间仓促，本书错误或遗漏之处在所难免，敬请读者批评、指正。

编者

目录

CONTENTS

上篇 成本会计

下篇　成本会计各章节练习题

上篇

成本会计

第一章　总　　论

学习目标

1. 了解成本的定义、费用的定义及分类。
2. 掌握成本会计的含义、职能和任务。
3. 掌握成本会计机构、人员、制度。

第一节　成本和费用的认知

相关知识

一、成本的内涵

（一）成本的定义

成本是指企业为生产某种商品或提供劳务而发生的各项支出。成本可分为广义的成本和狭义的成本。广义的成本指取得资产的耗费，例如企业购买原材料所支付的耗费构成原材料成本；企业购买固定资产所支付的耗费构成固定资产成本；企业要生产产品所支付的直接材料、工人工资、设备折旧等耗费构成产品成本。狭义的成本主要指产品生产成本。

本教材所阐述的成本主要是制造业的产品生产成本。

（二）产品成本的定义

产品成本是指制造业企业在一定时期内为生产一定种类、一定数量的产品所支出的各种生产费用的总和。将企业在生产产品时发生的如原材料、机械设备、工资薪酬等方面的耗费进行汇总，就构成了产品成本。

产品成本包括理论成本和实际成本。马克思曾指出："商品的价值(W)=生产中已消耗的生产资料的价值(C)+劳动者的必要劳动所创造的价值(V)+劳动者剩余劳动所创造的价值(M)"。其中，C 和 V 之和是形成产品成本的基础，即理论上，产品成本是企业在生产中已消耗的生产资料的价值与劳动者的必要劳动所创造的价值之和。

实际上，产品成本不同于理论成本，并不是企业在生产和经营过程中的一切支出都可以计入成本。例如，我国制造业的产品生产成本将产品生产制造过程中所发生的原材料、制造费用、工资薪酬、燃料和动力、废品损失以及修理期间的停工损失等都计入产品成本，而将管理费用、销售费用、财务费用等耗费作为期间费用，直接从当期损益中扣除，不计入产品成本。

二、费用的定义及分类

费用是指企业在日常活动中发生的、会导致所有者权益减少的、与向所有者分配利润无关的经济利益的总流出。本教材按费用是否计入产品成本分为“计入产品成本的生产费用”和“不计入产品成本的期间费用”两类。

企业的生产经营管理费用可以按以下方法进行分类。

（一）按经济内容分类

企业在生产经营活动中所发生的费用，按经济内容不同可划分为外购材料、外购燃料、外购动力、职工薪酬、折旧费、利息费用、税金及其他费用。

1. 外购材料

外购材料是指企业在生产经营过程中耗费的所有从外部购进的原料及主要材料、半成品、辅助材料、包装物、修理用备件及低值易耗品等。

2. 外购燃料

外购燃料是指企业在生产经营过程中耗费的所有从外部购进的各种燃料，包括固体、液体、气体燃料。

3. 外购动力

外购动力是指企业在生产经营过程中耗费的所有从外部购进的各种动力。

4. 职工薪酬

职工薪酬是指企业为获得职工提供的服务而支付给职工的各种形式的报酬和支出，包括职工工资、职工福利、社会保险费、住房公积金、工会经费和职工教育经费等。

5. 折旧费

折旧费是指企业按照规定计算的固定资产折旧费。出租固定资产的折旧费不包括在内。

6. 利息费用

利息费用是指企业借款利息支出减去存款利息收入后的净额。

7. 税金

税金是指企业应缴纳的各种税金，包括房产税、车船税、土地使用税、印花税等。

8. 其他费用

其他费用是指不属于以上各要素的费用，包括保险费、差旅费、租赁费、外部加工费等。

（二）按经济用途分类

企业在生产经营活动中所发生的费用，按经济用途不同可划分为计入产品成本的生产费用和不计入产品成本、直接计入当期损益的期间费用。

1. 计入产品成本的生产费用

生产费用是指企业在一定时期内为生产产品和提供劳务而发生的各种耗费。主要包括以下几个项目：

（1）直接材料。是指企业在生产经营过程中直接用于产品生产，构成产品实体的原材料和主要材料、外购半成品，以及有助于产品形成的辅助材料等。

（2）直接人工。是指企业在生产经营过程中直接参加产品生产的工人工资、生产工人享受的职工福利以及按工资一定比例缴纳的养老保险费、医疗保险费、住房公积金等。

(3) 制造费用。是指车间或分厂在产品制造过程中发生的办公费、差旅费、设备折旧费等各项间接费用。

2. 不计入产品成本的期间费用

期间费用是指企业在一定时期内为保证生产经营的正常进行而发生的各种耗费。主要包括以下几个项目：

(1) 管理费用。指企业为组织和管理生产经营活动而发生的各种费用，包括行政管理部门职工薪酬、低值易耗品摊销、办公费、差旅费、业务招待费、折旧费、诉讼费、房产税、车船使用税、土地使用税、印花税、排污费、聘请中介机构费、董事会会费等。

(2) 财务费用。指企业为筹集生产经营所需资金而发生的各项筹资费用，包括企业发生或收到的现金折扣、银行借款利息支出(减存款利息收入)、汇兑损失(减汇兑收益)以及相关手续费用等。

(3) 销售费用。指企业销售商品和材料、提供劳务的过程中发生的各项费用，包括企业在产品销售过程中发生的包装费、保险费、运输费、装卸费、广告费、展览费、商品维修费、预计产品质量保证损失、委托代销费等费用，以及为销售本企业产品而专设的销售机构的职工薪酬、办公费、差旅费、业务费、折旧费、固定资产修理费、低值易耗品摊销等费用。

除此之外，费用还可以按与生产工艺的关系分为直接生产费用和间接生产费用，按计入产品成本的方法分为直接计入费用和间接计入费用，按与产品产量的关系分为变动费用和固定费用。

巩固与提高

1. 产品成本是指制造业企业在____________为生产一定种类、一定数量的产品所支出的各种____________的总和。

2. 企业的生产经营管理费用按经济内容分类和按经济用途分类分别包括哪些？

第二节 成本会计的内容

成本会计是会计学科的一个重要分支，是以成本为对象的一种专业会计。在企业的生产经营过程中，成本会计对企业经济资源的利用进行筹划、核算，发挥着重要的作用。

一、成本会计的含义

成本会计是指运用会计的基本原理和一般原则，采用一定的技术方法，对企业在生产经营活动中发生的各项资金耗费、产品成本、劳务成本进行连续、系统、全面、综合地核算和监督的一种管理活动。

不同的企业，其成本的内涵不同，成本会计的对象也不同。成本会计的对象主要是指各行业企业生产经营业务成本和期间费用，简称成本、费用。本书主要介绍制造业的产品成本，即制造业成本、费用的核算。

二、成本会计的职能

成本会计作为一种经济管理活动，随着经济的发展和企业经营管理要求的提高，其职能也在逐步地扩展。现代成本会计的具体职能包括成本预测、成本决策、成本计划、成本控制、成本核算、成本分析、成本考核、成本检查。

（一）成本预测

成本预测是根据成本数据和有可能发生的情况，运用定量分析和定性分析的方法，对企业未来的成本水平及其变动趋势做出科学的推测和估计。成本预测作为成本会计的第一个环节，有助于企业管理人员做好准确的成本管理。

（二）成本决策

成本决策是在成本预测和有关资料的基础上，制定出符合企业实际情况的各种优化成本的可行性方案，并运用科学的决策方法，对各种可行性方案进行分析和比较，从中选择最优成本方案，确定目标成本及应采取的措施。进行成本决策进而确定目标成本，为之后的编制成本计划打好基础。

（三）成本计划

成本计划是根据成本预测和成本决策，运用一定的方法，具体规定计划期内企业各种产品的成本、生产经营费用和降低成本的任务，并制定具体的实施措施。成本计划是企业进行成本控制、成本分析及成本考核的具体目标，有助于企业取得最优经济效益。

（四）成本控制

成本控制是在生产经营费用的发生和产品成本的形成过程中，企业依据预先制定的费用和成本预算，对各项实际发生的或者将要发生的费用、成本进行及时审核并纠正偏差，使各项费用的发生和产品成本的形成都限制在成本计划的范围内。

根据成本费用发生的时间不同，可以分为事前、事中、事后的成本控制。企业可以通过成本控制，及时发现成本管理过程中存在的问题并加以纠正，以保证目标成本的实现。

（五）成本核算

成本核算是对企业生产经营过程中所发生的各种费用和形成的产品成本、劳务成本，按照一定的对象和规则进行归类，并对各对象的成本进行会计核算。企业通过成本核算既可以清楚生产经营过程的实际支出，又可以对其进行成本控制，及时地了解成本计划的完成情况，为之后的成本分析、成本考核提供帮助，也为下一轮的成本预测、成本决策、成本计划提供数据支撑。

（六）成本分析

成本分析是利用成本计划和成本核算提供的资料及其他有关资料，运用一系列专门的分析方法，揭示影响产品成本变动的各种因素，评价各因素变动对产品成本的影响程度。通过成本分析，企业可以检查成本计划的执行情况，了解成本变动的原因，寻求降低成本的对策。

（七）成本考核

成本考核是根据成本计划、成本核算、成本分析的资料，定期对成本计划及有关指标的执行情况进行评价和考核，并根据结果采取相应的奖惩措施。通过成本考核，调动各部门的积极性，从而实现成本决策目标，提高成本管理的水平。

（八）成本检查

成本检查是检查企业各项费用支出的合理性、合法性和成本计算的正确性。

上述成本会计的各项职能是相互联系、相辅相成的，构成一个有机整体，贯穿于企业生产经营活动的全过程。在这个整体中，成本核算是基础，为成本预测、成本决策、成本计划、成本控制的检验，以及成本分析、成本考核、成本检查提供了数据支撑。因此，成本核算是成本会计最基本的职能。

三、成本会计的任务

企业成本会计的任务与成本会计的职能、企业经营管理活动密不可分。因此，其根本任务是为企业经营管理提供所需的成本会计信息，在保证产品质量的前提下，促进企业不断降低产品生产经营过程中的物化劳动和活劳动的消耗，提高经济效益。

（一）计算产品成本，提供成本信息

企业通过正确计算产品成本，有效地评估成本计划的完成情况，为成本预测、成本决策、成本控制以及编制财务报表等提供成本信息。因此，企业应按照会计准则、企业会计制度和成本管理规定的相关要求，采用符合企业自身生产特点的成本计算方法，正确并且及时地计算产品成本，提供成本信息。

（二）开展成本预测，进行成本决策

正确进行成本预测与成本决策是成本会计适应社会生产发展的新任务，在企业生产经营过程中实现效益最优化方面起到了重要作用。企业要充分利用数据，采用科学的计算方法，既要预测生产过程中的成本，也要预测产品投产前的成本，为优化成本决策做好准备。在进行成本决策时，企业应该收集相关信息，做出合理的判断，并通过经济评估做出正确的决策，加强成本预测的结果。两者有机结合，为企业降低成本、提高经济效益指明了方向。

（三）编制成本计划，加强成本控制

企业应根据历史成本数据和经营状况，运用科学的方法，根据企业的生产特点，制定切实可行的成本计划，并根据可靠的数据制定能调动员工的积极性、通过主观努力能达到的目标成本。

企业在目标成本分解的基础上，加强成本控制，以产品成本形成的全过程为目标，结合生产经营各阶段的特点，将各项费用控制在计划范围内，以确保成本计划的顺利实施。

（四）进行成本核算，编制成本报表

及时正确地核算产品成本是成本会计的核心工作，也是做好成本会计工作最基本的要求。因此，企业应结合企业生产特点和成本管理的要求，及时准确地归集和分配生产经营过程中的各项生产耗费，并通过合适的成本计算方法来计算产品的总成本和单位成本，定期编制成本报表，满足企业内部加强成本管理的需要。

（五）做好成本分析，严格成本考核

在成本核算的基础上，通过对实际成本、计划成本和历史先进成本水平的对比分析，确定成本差异并分析原因，采取对策措施，确保成本目标的实现。

现代企业应将成本责任指标分解落实到各部门、各车间，分清责任，权责结合，正确评价各责任单位的工作绩效，落实相应的奖惩措施，从而提高全体员工降低成本的责任感和积极性，促进全体员工做好成本管理，努力降低成本，不断提高效益。

巩固与提高

1. 成本会计是指运用______________，采用一定的技术方法，对企业在生产经营活动中发生的各项__________________________进行连续、系统、全面、综合地核算和监督的一种管理活动。

2. 成本会计包括哪些职能？

3. 成本会计的任务有哪些？

第三节　成本会计工作的组织

为了有效地开展成本会计工作，必须建立健全成本会计组织，配备成本会计人员，制定和实施合理的成本会计制度。

一、成本会计机构

成本会计机构的建立必须与企业制度、企业组织和会计工作组织形式相适应，与企业的规模大小和经营管理水平等条件相协调。在规模较大的企业里，成本会计的职能机构可以是单设的成本会计处或成本会计科，也可以是会计部门设置的成本会计组；在规模较小的企业里，一般是在会计部门中专职的人员负责成本会计工作。

企业成本会计工作有集中核算和非集中核算两种形式。

集中核算方式，是指企业的一切成本会计业务，都集中在厂部成本会计机构进行，其他职能部门、车间等一般只负责原始资料的登记、填制、审核、整理和汇总。采用这种方式的优点是将成本核算资料集中在厂部成本会计部门，减少核算层次，简化工作人员；缺点是不便于企业内部其他部门掌握和控制其成本和费用，不便于及时了解本企业的成本水平及其超降情况。小型企业的成本会计工作一般采用集中核算方式。

非集中核算方式，是指企业成本计划、核算和分析等工作通常由成本核算员或负责成本工作的人员负责，厂部成本会计部门主要负责成本数据的汇总以及对各下级成本会计工作进行业务上的指导和监督。采用这种方式的优点是可以使成本会计工作更好地与各部门、车间的生产经营管理相结合，更直接、更有效地指导生产；缺点是增加了成本会计工作层次和工作人员。大中型企业的成本会计工作一般采取非集中核算方式。

二、成本会计人员

（一）成本会计人员的职业道德要求

成本会计人员是企业配备的能够胜任成本工作、保证成本会计工作顺利进行的专业技术人员。

在政治素质方面，成本会计人员应爱岗敬业、诚实守信、廉洁自律、客观公正。在业务能力方面，成本会计人员在处理业务过程中应严格遵守会计法律制度，不受主观性或他人意愿的影响；增强提高业务水平的意识和紧迫感，努力学习实践；积极参与管理，全面熟悉企业经营活动和业务流程，积极提出合理化建议，协助领导决策；树立服务意识，提高服务质量，努力维护和提升会计行业良好的社会形象。

（二）成本会计人员的职责

1. 制定会计制度

企业成本会计人员应该按照有关会计法规和制度，制定符合企业实际的成本会计制度和办法，并督促成本会计人员和企业职工执行。

2. 进行会计核算

企业成本会计人员必须根据本企业实际发生的经济业务事项进行会计核算、填制和审核原始凭证等，以便正确核算和登记企业的各项成本。

3. 实施会计监督

企业通过成本会计工作，对本企业的各项经济业务和会计程序的合法性、合理性进行监督，并在会计监督考核中不断改进工作。对不真实、不合法的原始凭证不予受理；对账簿记录与实物、款项不符的，按有关规定处理或及时向本单位领导报告；对违反国家统一财务制度规定的支出不予受理。

三、成本会计制度

成本会计制度是组织和从事成本会计工作必须遵守的规范准则和具体依据，是做好成本会计工作必不可少的重要条件。

目前，我国颁布了《中华人民共和国会计法》《企业财务通则》《企业会计准则》《企业产品成本核算制度（试行）》《管理会计应用指引（征求意见稿）》。

各企业可以根据国家有关部门法律法规，结合本企业的生产经营特点以及内部管理的具体要求，制定适合企业自身的成本会计制度，并与其他有关规章制度相协调，使企业成本会计工作逐步走向良性循环，确保成本效益不断提高。包括以下几个方面：成本岗位责任制，成本预测和决策的制度，目标成本制定、成本计划编制的制度，成本控制制度，成本核算制度，成本报表制度，成本分析制度，企业内部价格制定和结算制度，成本岗位考核标准以及其他有关成本会计制度等。

巩固与提高

思考题：

1. 请分别阐述集中核算和非集中核算各自的优缺点。

2. 成本会计人员具体应履行哪些职责？

第二章　成本核算的基本原理

学习目标

1. 掌握成本核算的原则与要求。
2. 理解成本核算的程序和账务处理程序。
3. 掌握成本核算的要求和生产费用的分类、成本核算涉及的主要会计科目。

第一节　成本核算的原则与要求

相关知识

一、成本核算的原则

为了保证成本核算提供相关、及时、准确的管理信息，充分发挥成本会计的职能。为此，企业在进行成本核算时，应遵循以下基本原则。

（一）合法性原则

合法性原则是指企业进行成本核算时，计入成本的费用符合国家方针政策、法律、法令和制度等规定，如会计从业人员应熟知《中华人民共和国会计法》《企业财务通则》《企业会计准则》等具体要求，不能在工作中将不符合规定的费用计入成本。

（二）一致性原则

一致性原则是指企业在进行成本核算时，应根据企业生产特点和管理要求，选择不同的成本计算方法进行成本计算。产品成本计算方法应保持一致，以便对成本资料便于进行比较与考核。

（三）重要性原则

重要性原则是指在进行成本核算时，对于一些主要产品、主要费用，应作为重点设立项目进行计算和反映，而对于一些次要的产品、费用，应从简核算。例如，构成产品主要成分的原材料、生产工人的薪酬应直接计入产品成本中“直接材料”“直接人工”项目单独反映，对于一般性耗用的数额不大的材料费用计入制造费用，在综合项目中合并反映。

（四）分期性原则

分期性原则是指企业为了计算一定期间所生产产品的成本，必须将其生产经营活动划分为若干个相等的成本会计期间，成本核算的分期必须与会计期间的月、季、年相一致，按期计算各期产品的生产成本。成本核算中的费用归集、汇总和分配，都必须按月进行，完工产品的成本计算与生产类型有关，可能与生产周期一致，但与会计报告期不一定一致。

（五）实际成本计价原则

实际成本计价原则是指企业的资产在取得或购建时按实际成本入账，并在会计报告中按实际成本反映。按实际成本计价原则的要求，企业在成本核算时对于生产所耗用的原材料、燃料和动力等费用，都是按实际成本计价；对于固定资产折旧必须按其原始价值和规定的使用年限计算；对于完工产品要按实际成本计价，但并不排除“库存商品”账户及其明细账也可按计划成本计价。

（六）权责发生制原则

权责发生制原则是企业在成本核算时，确定收入和支出是否在本期已经发生，是否算作本期的收入和支出，正确地计算产品成本。凡是应计入本期的收入和支出，不论款项是否收到或已付出，都算作本期的收入或支出；凡是不应计入本期的收入和支出，即使款项已经收到或付出，也不算作本期的收入或支出。

二、成本核算的要求

（一）正确划分各种成本费用的界限

1. 正确划分各种支出的界限

企业在生产经营过程中，应严格执行国家规定的成本开支范围，将不同用途的耗费和支出，列入不同的项目。例如，用于产品生产和销售、用于组织和管理生产经营活动以及为筹集生产经营资金所发生的各种支出，应计入产品成本和期间费用；用于企业购置和建造固定资产、无形资产和其他资产的支出、用于企业对外投资支出、用于企业向投资者支付股利或利润、用于企业支付职工福利费、交纳的社会保险费和住房公积金等的支出，不应计入成本费用。

2. 正确划分产品生产成本和期间费用的界限

产品生产成本是指企业用于产品生产过程中耗费的直接材料、直接人工和制造费用。期间费用是指在会计期间内用于组织和管理企业生产经营活动、销售产品、筹集资金而发生的销售费用、管理费用和财务费用。分清产品生产成本和期间费用，关键在于分清产品生产成本中的制造费用和期间费用中的销售费用、管理费用之间的界限。

3. 正确划分各个会计期间的成本界限

企业应按照权责发生制和受益原则划分各个会计期间的成本界限，准确反映各期产品生产成本和期间费用的水平，正确计算各期的营业损益。某项生产耗费是否应计入本期产品生产成本以及应计入多少，由是否应本期负担以及受益量的大小决定。

4. 正确划分不同产品的成本界限

在生产多种产品的企业，应该按照成本计算对象分别计算产品成本，由本月产品成本负担的生产耗费，在各种产品之间进行分配。由某种产品负担的生产费用，直接计入该产品成本；由各种产品共同负担的生产费用，则应采用科学、合理、简便的分配方法，分别计入各种产品的成本。

5. 正确划分产成品和在产品的成本界限

月末，企业应将各项生产费用计入产品的成本。如果某种产品已全部完工，那么计入这种产品的生产费用之和就是该种产品的完工产品成本；如果某种产品未全部完工，那么计入这种产品的生产费用之和就是该种产品的月末在产品成本；如果某种产品既有完工产品又有未完工的在产品，那么计入这种产品的生产费用，应采用适当的分配方法，将生产费用在完工产品与月末在产品之间进行分配，分别计算完工产品成本和月末在产品成本。

（二）合理确定财产物资的计价和价值结转方法

在企业生产经营过程中的各种耗费中，财产物资的耗费占相当的比重。因此，是否选择恰当的财产物资和计价和价值结转方法，会对成本计算的准确性产生重要的影响。例如，材料成本的构成、材料按计划成本计价进行核算时材料成本差异率的确定、材料按实际成本计价进行核算发出材料单位成本的计算方法（先进先出法、加权平均法、个别计价法）等；固定资产原值的确认、计算方法、折旧方法、折旧率等；固定资产与低值易耗品的划分标准、低值易耗品的摊销方法、摊销期限等。为了正确地计算产品成本和期间费用，对于各种财产物资的计价和价值结转，企业应根据管理需要和财产物资的特点，选择科学、合理、核算简便的方法。核算方法一经确定，就不能随意变更，以确保成本信息的可比性。

（三）做好成本核算的基础工作

1. 做好各项消耗定额的制定和修订工作

企业在生产经营过程中，应根据当前人力、物力、财力的配备、利用和消耗等设备条件和技术水平，制定和修订原材料、燃料、动力和工时等消耗定额。消耗定额不仅是编制车间等产品成本计划和期间费用计划、分析和考核成本费用水平的依据，也是审核和控制各项实际消耗的标准。在计算产品成本时，往往以产品的原材料和工时的定额消耗量或定额费用作为分配实际费用的标准。因此，制定和修订各项消耗定额是企业准确进行成本核算、审核和控制的前提。

2. 建立和健全材料物资的计量、验收、领退和盘点制度

为了正确地进行成本管理和成本核算，企业应建立和健全材料物资的计量、验收、领退和盘点制度，对材料物资的收发、领退、半成品的内部转移和产成品的入库等，均应按规定的内容和手续填制相应的凭证，经过审批、计量、验收或交接，防止出现任意领发和转移的情况。库存的材料、半成品和产成品，以及车间的在产品和半成品，均应按照规定进行盘点、清查，防止丢失、积压、损坏变质和被贪污盗用。

3. 建立和健全原始记录

原始记录是指按照规定的格式，对企业在生产经营活动中具体情况的书面记载，是反映企业生产经营活动的原始资料，是进行各项成本核算的前提，是编制成本计划、分析消耗定额和控制成本支出的重要依据。因此，企业应在生产过程中建立和健全真实的原始记录，例如，原材料的验收入库单、领料单、废料回收单、多余材料退库单等反映生产经营过程的材料物资耗用的原始记录；职工考勤记录、劳动工时记录、职工薪酬结算单等反映劳动耗费的原始记录；生产计划任务书、生产记录表、产品入库单、半成品入库单、产品出库单等反映产品生产的原始记录等。

4. 制定和修订企业内部结算价格

为了分清企业内部各单位的经济责任，明确工作业绩，评价与考核成本计划的完成情况，在生产经营过程中，企业内部材料、半成品和厂内各车间应对相互提供的劳务等，制定企业内部结算价格，作为内部结算的依据和考核的标准。企业可以将计划单位成本或者在计划单位成本的基础上加上一定的内部利润作为企业内部结算价格。

（四）选择适当的成本计算方法

产品成本计算方法是指企业对生产经营过程中发生的费用，按照一定的对象和标准进行归集和分配，以确定产品的总成本和单位成本的方法。企业应根据本企业的具体情况，选择适合本企业生产特点和管理要求的成本计算方法，确保产品成本计算准确、合理，为企业进行成本核算和管理提供有用的信息。成本计算方法一经选定，一般不经常变动。

巩固与提高

1. 成本核算应遵循的基本原则包括合法性、____________、重要性、____________、____________、__________。

2. 正确划分各种成本费用的界限具体包括哪五点？

3. 简述如何做好成本核算的基础工作。

第二节　成本核算的程序

成本核算的程序是指按照成本核算的要求，对企业在生产经营过程中发生的各项费用，通过确认、计量分配和归集，计算出各种产品的生产成本和期间费用。制造企业产品成本核算的过程是生产费用归集和分配的过程，其产品成本核算的一般程序如下。

一、按成本开支范围审核各项费用是否应计入产品成本

企业应按照国家有关制度、规定，对在生产经营过程中发生的各项费用进行审核和控制，确定哪些费用应计入产品成本，哪些费用应作为期间费用直接计入当期损益。

二、按权责发生制和受益原则处理跨期摊提工作

按权责发生制和受益原则，将本月实际发生的而应该由本月和以后月份共同受益的费用分摊计入本月产品成本；将尚未开支但应由本月负担的费用，预提计入本月的成本。

三、将应计入本期产品成本的费用在各种产品之间进行分配

企业根据领料单、退料单等相关凭证，将应计入当月各种产品成本的生产费用，按照成本项目进行分配和归集，分别计入各种产品的相关成本项目。

四、将归集的生产费用在完工产品与月末在产品之间进行分配

企业在会计期末必须将归集汇总的生产费用在本期完工产品和月末在产品之间进行分配，并计算出完工单位成本和单位成本。如果月末产品全部完工，则将该种产品生产过程中所发生的全部生产费用都计入完工产品成本；如果月末产品全部未完工，则将该种产品生产过程中所发生的全部生产费用都计入在产品成本；如果月末既有完工产品又有在产品，则将该种产品生产过程中所发生的全部生产费用，在完工产品与月末在产品之间进行分配，计算出完工产品成本和月末在产品成本。

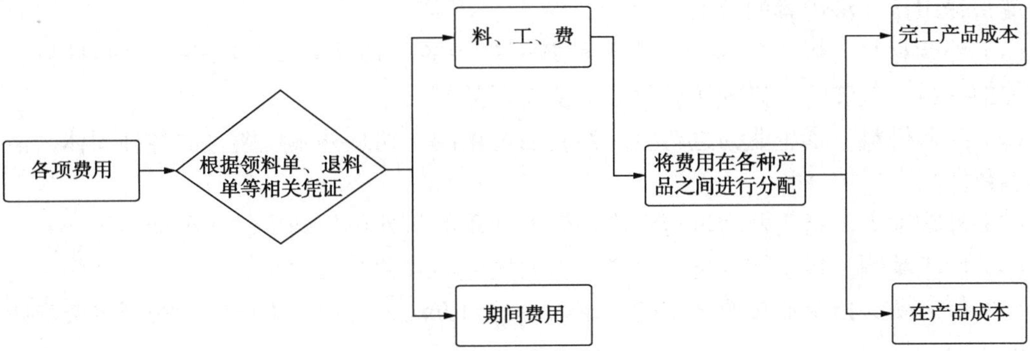

1. 成本核算的程序是指按照成本核算的要求，对企业在生产经营过程中发生的各项费用，通过____________，计算出各种产品的____________。

2. 产品成本核算的一般程序包括哪些？

第三节　生产费用核算的账户体系

一、生产费用的分类

企业在生产经营过程中的各种耗费种类繁多，为了科学地进行成本管理，正确计算产品成本和期间费用，需要对涉及费用进行合理分类。费用可以按不同的标准分类，其中最基本的是按费用的经济内容和经济用途的分类。

（一）费用按经济内容的分类

企业的生产经营过程中发生的各种费用，按其经济内容分类，可分为劳动对象方面的费用、劳动手段方面的费用和活劳动方面的费用三大类。这三类可以称为费用的三大要素。为了具体反映各种费用的构成和水平，还应在此基础上、将其进一步细分为以下八个费用要素，就是费用按经济内容的分类。

（1）外购材料。指企业为进行生产经营而耗用的一切从外单位购进的主要材料、半成品、辅助材料、包装物、修理用备件和低值易耗品等。

（2）外购燃料。指企业为进行生产经营而耗用的一切从外单位购进的各种固体、液体和气体燃料。

（3）外购动力。指企业为进行生产经营而耗用的从外单位购进的各种动力。

（4）职工薪酬。指企业为进行生产经营而发生的各种职工薪酬。

（5）折旧费。指企业按照规定的固定资产折旧方法，对用于生产经营的固定资产所计算提取的折旧费用。

（6）利息支出。指企业应计入财务费用的借入款项的利息支出减利息收入后的净额。

（7）税金。指应计入企业管理费用的各种税金，如房产税、车船税、土地使用税、印花税等。

（8）其他支出。指不属于以上各要素但应计入产品成本或期间费用的费用支出，如差旅费、租赁费、外部加工费以及保险费等。

按照以上费用要素反映的费用，称为要素费用。

将费用划分为若干要素分类核算可以实现如下作用：

① 反映企业一定时期内在生产经营中具体发生了哪些费用，各类成本的数额分别几何。据此可以分析企业在各个时期各种费用的构成和水平。

② 此种分类可以反映企业生产经营中外购材料和燃料费用以及职工工资的实际支出，从而为企业核定储备资金定额、考核储备资金的周转速度，以及编制材料采购资金计划和劳动工资计划提供资料。

但是，这种分类不能说明各项费用的用途，因而不利于分析各种费用的支出否节约、合理。

（二）按经济用途的分类

工业企业在生产经营中发生的费用，首先可以分为计入产品成本的生产费用和直接计入当期损益的期间费用两类。

1. 生产费用按经济用途的分类

计入产品成本的生产费用在产品生产过程中的用途也不尽相同。有的直接用于生产，有的间接用于产品生产。因此，为具体反映计入产品成本的生产费用用途，提供产品成本构成情况的资料，还应将其进一步划分为若干个项产品生产成本项目，简称产品成本项目或成本项目，即生产费用按其经济用途分类核算的项目。一般工业企业应设置以下几个成本项目：

（1）直接材料。直接用于产品生产、构成产品实体的原料、主要材料以及有助于产品形成的辅助材料费用。

（2）直接燃料和动力。指直接用于产品生产的各种直接燃料和动力费用。

（3）直接人工。指直接参加产品生产的工人的薪酬费用。

（4）制造费用。指间接用于产品生产的各项费用，以及开展直接用于产品生产，但不便于直接计入产品成本，因而没有专设成本项目的费用(如设备厂房等固定资产的折旧费用)。制造费用包括企业内部生产部门单位的管理人员薪酬费用、固定资产折旧费、租赁费(不包括融资租赁费)、有机物料消耗、低值易耗品摊销、取暖费、水电费、办公费、运输费、保险费、设计制图费、试验检验费、劳动保护费、季节性或修理期间的停工损失以及其他制造费用。

企业可根据生产特点和管理要求对上述成本项目做适当调整。对于管理上需要单独反映、控制和考核的费用，以及产品成本中比重较大的费用，应专设成本项目。否则，为了简化核算，不必专设成本项目。

2. 期间费用按经济用途的分类

工业企业的期间费用按照经济用途可分为销售费用、管理费用和财务费用。

（1）销售费用。销售费用是指企业在产品销售过程中发生的费用，以及为销售本企业产品而专设的销售机构的各项经费。包括运输费、装卸费、包装费、保险费、展览费和广告费，以及为销售本企业商品而专设的销售机构(含销售网点、售后服务网点等)的职工薪酬费用。

（2）管理费用。管理费用是指企业为组织和管理企业生产经营所发生的各项费用。

（3）财务费用。财务费用是指企业为筹集生产经营所需资金而发生的各项费用，包括利息支出(减利息收入)、汇兑损失(减汇兑收益)以及相关的手续费等。

二、成本核算的主要会计科目

为了进行成本核算，企业一般应设置“基本生产成本”“辅助生产成本”“制造费用”“销售费用”“管理费用”“财务费用”“待摊费用”“长期待摊费用”“预提费用”等科目。如果需要单独核算废品损失，还应设置“废品损失”等科目。

1.“基本生产成本”科目

基本生产是指为完成企业主要生产目的而进行的商品生产。为了归集基本生产所发生的各种生产费用，计算基本生产产品成本，应设置“基本生产成本”科目。该科目借方登记企业为进行基本生产而发生的各种费用；贷方登记转出的完工入库的产品成本；余额在借方，表示基本生产的在产品成本，即基本生产在产品占用的资金。

“基本生产成本”科目应按产品品种或产品批别、生产步骤等成本计算对象设置产品成本明细分类账，账内按产品成本项目分设专栏或专行。

2. “辅助生产成本”科目

辅助生产是指为基本生产服务而进行的产品生产和劳务供应。辅助生产所提供的产品和劳务，有时也对外销售，但这不是它的主要目的。为了归集辅助生产所发生的各种生产费用，计算辅助生产所提供的产品和劳务的成本，应设置“辅助生产成本”科目。该科目的借方登记为进行辅助生产而发生的各种费用；贷方登记完工入库产品的成本或分配转出的劳务成本；余额在借方，表示辅助生产在产品的成本，即辅助生产在产品占用的资金。

“辅助生产成本”科目应按辅助生产车间和生产的产品、劳务分设明细分类账，账中按辅助生产的成本项目或费用项目分设专栏或专行进行明细登记。

3. “制造费用”科目

为了核算企业为生产产品和提供劳务而发生的各项制造费用，应设置“制造费用”科目。该科目的借方登记实际发生的制造费用；贷方登记分配转出的制造费用；除季节性生产企业外，该科目月末应无余额。

“制造费用”科目，应按车间、部门设置明细分类账，账内按费用项目设立专栏进行明细登记。

4. “废品损失”科目

需要单独核算废品损失的企业，应设置“废品损失”科目。该科目的借方登记不可修复废品的生产成本和可修复废品的修复费用；贷方登记废品残料回收的价值、应收的赔款以及转出的废品净损失；该科目月末应无余额。

“废品损失”科目应按车间设置明细分类账，账内按产品品种分设专户，并按成本项目设置专栏或专行进行明细登记。

5. “销售费用”科目

为了核算企业在产品销售过程中所发生的各项费用以及为销售本企业产品而专设的销售机构的各项经费，应设置“销售费用”科目。该科目的借方登记实际发生的各项产品销售费用；贷方登记期末转入“本年利润”科目的产品销售费用；期末结转后该科目应无余额。

“销售费用”科目的明细分类账，应按费用项目设置专栏，进行明细登记。

6. “管理费用”科目

为了核算企业行政管理部门为组织和管理生产经营活动而发生的各项管理费用，应设置“管理费用”科目。该科目的借方登记发生的各项管理费用；贷方登记期末转入“本年利润”科目的管理费用；期末结转后该科目应无余额。

“管理费用”科目的明细分类账，应按费用项目设置专栏，进行明细登记。

7. “财务费用”科目

为了核算企业为筹集生产经营所需资金而发生的各项费用，应设置“财务费用”科目。该科目的借方登记发生的各项财务费用；贷方登记应冲减财务费用的利息收入、汇兑收益以及期末转入“本年利润”科目的财务费用；期末结转后该科目应无余额。

“财务费用”科目的明细分类账，应按费用项目设置专栏，进行明细登记。

8. “待摊费用”科目

为了核算企业已经支付，但应由本期和以后各期成本共同负担且分摊期在一年以内的各项费用，应设置“待摊费用”科目。该科目的借方登记实际支付的各项待摊费用；贷方登记分期摊销的待摊费用；该科目的余额在借方，表示已经支付但尚未摊销的费用。

"待摊费用"科目应按费用种类设置明细分类账，进行明细核算。

9."长期待摊费用"科目

为了核算企业已经支出，但摊销期限在一年以上(不含一年)的各项费用，应设置"长期待摊费用"科目。该科目的借方登记实际支付的各项长期待摊用；贷方登记分期摊销的长期待摊费用；该科目的余额在借方，表示企业尚未摊销的各项长期待摊费用的摊余价值。

"长期待摊费用"科目应按费用种类设置明细账，进行明细核算。

10."预提费用"科目

为了核算企业按照规定预提计入成本但尚未支付的费用，应设置"预提费用"科目。该科目的贷方登记预先计入成本的预提费用；借方登记实际付的费用；期末，该科目若为贷方余额，则表示已经预提但尚未实际支付的费用，若为借方余额，则表示实际支付费用数额大于已预提数额的差额，应视为待摊费用。

"预提费用"科目应按费用种类设置明细账，进行明细核算。

巩固与提高

1. 何为成本项目？

2. 为什么要设置成本项目？

3. 设置成本项目应遵循什么原则？

4. 成本核算主要会计科目对应T型账户是怎样的？

第三章　费用要素的归集与分配

学习目标

1. 掌握材料费用的归集与分配。
2. 掌握外购动力费用的归集与分配。
3. 掌握职工薪酬的归集与分配。

第一节　材料费用的归集和分配

相关知识

材料费用包括企业在生产经营过程中实际耗用的各种原材料、辅助材料、外购半成品、修理用备件配件、燃料、动力、周转材料等的费用。

一、材料费用的内容

1. 原材料

指作为主要劳动对象，经过加工以后构成产品实体的原料及主要材料。如纺织行业耗用的棉纱，制鞋业耗用的皮革等。

2. 辅助材料

指在生产中有助于产品形成，或为创造正常劳动条件所耗用，或为劳动工具所消耗的各种辅助性材料。

3. 外购半成品

指为企业配套产品而耗用的外购件。如空调耗用从外单位购入的压缩机，摩托车耗用从外单位购入的发动机等。

4. 修理用备件配件

指为修理本企业的机器设备、运输设备等所专用的零件、部件及配件。其他修理用材料列入辅助材料。

5. 燃料

指用于生产燃烧发热的各种固体燃料、液体燃料和气体燃料，如煤、汽油、天然气等。

6. 动力

指生产经营耗用的电力、热力等。

7. 周转材料

周转材料包括低值易耗品和包装物。低值易耗品是指单位价值或使用年限在规定限额以下的劳动工具或资料。包装物是指在生产流通过程中，为包装本企业的产品或商品，并随同它们一起出售、出借或出租给购货方的各种包装容器，如桶、箱、瓶、坛、筐、罐、袋子等。

8. 其他材料

指企业在生产过程中消耗的不属于上述各类的其他材料。

二、材料费用的核算

1. 材料费用的归集

材料成本的归集根据发料凭证进行(如领料单等)。其收、发、存的核算，可按照材料的实际成本计价进行；也可按计划成本计价核算，月末把本期耗用的材料计划成本调整为实际成本。

2. 材料费用的分配

材料费用的分配要按照材料的具体用途进行，一般会计处理如下：

借：生产成本——基本生产成本——××产品

　　生产成本——辅助生产成本

　　制造费用

　　销售费用

　　在建工程

　　管理费用

　　贷：原材料

(1) 材料定额耗用量比例法：材料定额耗用量比例法是以材料定额耗用量进行材料费用分配的方法。

$$某种产品材料定额耗用量=该种产品实际产量\times单位产品材料消耗定额$$

$$材料费用分配率=\frac{应分配的材料费用总额}{各种产品材料定额消耗量合计}$$

$$某产品应分配材料费用=该种产品材料定额消耗量\times材料费用分配率$$

(2) 材料定额成本比例法：材料定额成本比例法是以耗用产品材料的定额成本比例进行材料费用分配的方法。

$$某种材料定额成本=该产品实际产量\times单位产品材料消耗定额\times材料单价$$

$$材料费用分配率=\frac{应分配的材料费用总额}{各种产品材料定额成本之和}$$

$$某产品应分配材料费用=该种产品材料定额成本\times材料费用分配率$$

【例 1】假设某制造企业生产甲、乙两种产品，共同耗用原材料 17 500 元。本月投产量分别为甲产品 2 000 件，乙产品 1 000 件，每件产品的该种材料消耗定额为：甲产品 4 千克，乙产品 6 千克，则：

(1) 各种产品按实际产量计算的定额耗用量：

甲产品的材料定额消耗量 = 2 000×4 = 8 000(千克)

乙产品的材料定额消耗量 = 1 000×6 = 6 000(千克)

（2）计算材料费用分配率：

$$材料费用分配率=\frac{17\ 500}{(8\ 000+6\ 000)}=1.25(元/千克)$$

（3）计算各种产品应分配的材料费用：

甲产品应分配的材料费用=8 000×1.25=10 000(元)

乙产品应分配的材料费用=6 000×1.25=7 500(元)

【例2】甲、乙两种产品领用A、B两种材料，共计50 880元，本月投产甲种产品200件，乙种产品100件。甲产品材料消耗定额为：A材料5千克，B材料7千克；乙产品材料消耗定额为：A材料6千克，B材料8千克。A、B两种材料的实际单价分别为10元、12元，则：

（1）各种产品材料定额成本：

甲产品材料定额成本=200×5×10+200×7×12=26 800(元)

乙产品材料定额成本=100×6×10+100×8×12=15 600(元)

$$（2）材料费用分配率=\frac{50\ 880}{(26\ 800+15\ 600)}=1.2(元/千克)$$

（3）各种产品应分配的材料成本：

甲产品应分配的材料成本=26 800×1.2=32 160(元)

乙产品应分配的材料成本=15 600×1.2=18 720(元)

巩固与提高

1.(2014年高考题)D有限责任公司设有一个基本生产车间，大量生产甲、乙两种产品，采用品种法计算产品成本。原材料采用一次投料方式，月末在产品平均完工程度为60%。2013年10月份有关资料如下：

本月生产甲产品直接领用101#材料48 000元，乙产品直接领用102#材料72 000元，甲、乙产品共同领用103#材料120 000元，基本生产车间一般耗用104#材料1 800元。甲、乙产品耗用103#材料的单位消耗定额见表3-1。

【要求】

采用定额耗用量比例法，分配甲、乙产品共同耗用103#材料，将结果填入表3-1。(若除不尽，计算结果保留小数点后两位)

表3-1　103#材料费用分配表

2013年10月

产品名称	投入产量(件)	单位消耗定额(千克/件)	定额消耗量(千克)	分配率	分配额(元)
甲产品	1 000	1.50			
乙产品	2 000	1.75			
合计					

第二节 外购动力费用的归集和分配

外购动力是指企业为进行产品生产而耗用的一切从外部购进的各种动力，包括电力、热力和蒸汽等。外购动力费用是指企业从外单位购入的电力、热力和蒸汽等动力而发生的费用。

一般情况下，使用的外购动力都有仪器仪表等计量装置，在支付外购动力费用时，应根据计量装置上记录的耗用数量乘上规定的单价向提供动力的单位支付款项。

一、外购动力的归集

外购动力费用应按照部门和用途进行归集。直接用于产品生产的外购动力费用，如基本生产车间的生产用电，应计入“生产成本——基本生产成本”账户；生产单位用于维护生产设备和管理生产的，如照明用电。应计入“制造费用”账户；各辅助生产车向耗用的外购动力费用，应计入“生产成本——辅助生产成本”账户；专设销售机构耗用的外购动力费用，应计入“销售费用”账户；企业行政管理部门耗用的外购动力费用，应计入“管理费用”账户。在建工程耗用，应计入“在建工程”账户等。培养学生诚信为本，不做假账的职业素养。

二、外购动力的分配

生产单位生产产品耗用的动力，如电解用电力、烘干用蒸汽、炼钢用氧气，以及可以按产品确定消耗定额的动力用电等，应以“燃料和动力”成本项目记入“基本生产成本明细账”中。对于几种产品共同耗用的动力费用，一般按各种产品定额工时或实际工时的比例进行分配。对于各车间、部门耗用的电力，都有电表加以计量。因此，各车间、部门应分配的电费应按下式计算：

$$电力费用分配率=\frac{电力费用总额}{各车间、部门用电度数之和}$$

某车间、部门应分配的电费=该车间、部门用电度数×电力费用分配率

在没有计量仪器记录的情况下，要按照一定的标准在各种产品之间进行分配。如按生产工时比例、机器功率时数比例或定额消耗量的比例分配。

$$某车间动力用电力费用分配率=\frac{该车间动力用电力费用}{该车间各种产品生产工时之和}$$

某产品分配动力用电成本=该车间某产品生产工时×该车间动力用电力费用分配率

直接用于产品生产的动力费用，应借记“基本生产成本”总账科目及所属产品成本明细账“燃料及动力”成本项目；直接用于辅助生产又单独设置“燃料及动力”成本项目的动力费用，借记“辅助生产成本”总账科目及所属明细账的“燃料及动力”成本项目；用于基本生产车间和辅助生产车间如照明用电，以及行政管理部门如照明用电等，应分别借记“制造费用”“管理费用”等总账科目及其所属明细账有关项目；如果基本生产和辅助生产不单独设置“燃料及动力”成本项目，发生的增料动力费用则应借记“制造费用”科目及其明细账有关项目，贷记“应付账款”或“银行存款”科目。

【例 1】某工业企业 9 月 26 日通过银行支付外购动力费用 24 000 元。9 月末查明各车间、部门耗电度数为：基本生产车间耗电 35 000 度，其中车间照明用电 5 000 度；辅助生产车间耗电 8 900 度，其中车间照明用电 1 900 度；企业管理部门耗电 6 000 度。该月应付外购电力费共计 24 950 元。

【要求】

（1）按所耗电度数分配电力费用，A、B 产品按生产工时分配电费。A 产品生产工时为 36 000 小时，B 产品生产工时为 24 000 小时。

（2）编制该月支付外购电费的会计分录。

（3）编制该月分配外购电费的会计分录。

（该企业基本车间明细账设有“燃料及动力”成本项目；辅助生产车间明细账设有“燃料及动力”成本项目，且辅助车间设“制造费用”明细账；所编分录列示到成本项目）。

（1）电力费用分配率 $=\dfrac{24\ 950}{35\ 000+8\ 900+6\ 000}=0.5$

基本生产车间产品电力费用 $=30\ 000\times0.5=15\ 000$

产品电费分配率 $=\dfrac{15\ 000}{36\ 000+24\ 000}=0.25$

A 产品应负担的电力费用 $=36\ 000\times0.25=9\ 000$

B 产品应负担的电力费用 $=24\ 000\times0.25=6\ 000$

基本生产车间照明电力费用 $=5\ 000\times0.5=2\ 500$

辅助生产车间产品电力费用 $=7\ 000\times0.5=3\ 500$

辅助生产车间照明电力费用 $=1\ 900\times0.5=950$

企业管理部门电力费用 $=6\ 000\times0.5=3\ 000$

（2）借：应付账款　　　24 000
　　　　贷：银行存款　24 000

（3）借：基本生产成本——A 产品——燃料及动力　　9 000
　　　　　　　　　　——B 产品——燃料及动力　　6 000
　　　　制造费用——基本生产车间　　2 500
　　　　辅助生产成本——燃料及动力　3 500
　　　　制造费用——辅助生产车间　　950
　　　　管理费用　　　　　　　　　　3 000
　　　　贷：应付账款　　　　　　　　24 950

巩固与提高

1.（2012 年高考题）M 公司设有一个基本生产车间，大量生产甲、乙两种产品，采用品种法核算产品成本。2011 年 5 月份，投产甲产品 1 200 件、乙产品 1 500 件；甲、乙产品的单位材料消耗定额分别为 25 千克和 30 千克，生产工时分别为 600 小时和 400 小时，月末全部完工。本月生产费用资料见表 3-2。

表 3-2 金额单位：元

耗用对象＼费用项目	原材料		外购动力	薪酬	折旧费	其他
	直接领用	共同耗用				
甲产品	40 000	8 250	3 000	31 500		
乙产品	15 000					
基本生产车间	1 000		500	7 000	6 000	600

【要求】

（1）按定额耗用量比例分配材料费用；

（2）按生产工时比例分配外购动力费用。（若除不尽，计算结果保留小数点后两位）

第三节 职工薪酬的归集和分配

一、薪酬费用核算的内容

职工薪酬是企业因职工提供服务而支付或放弃的所有代价。企业在确定应当作为职工薪酬进行确认和计量的项目时，需要综合考虑，确保企业人工成本核算的完整性和准确性。进行职工薪酬的核算，应该审核企业的各项职工薪酬支出是否符合国家的规定；在正确核算工资费用的基础上，应根据适当的分配方法，在各个成本计算对象中进行职工薪酬的分配。

（一）工资、奖金、津贴和补贴

这些项目是指按照国家统计局的规定构成工资总额的计时工资、计件工资、支付给职工的超额劳动报酬和增收节支的劳动报酬、为了补偿职工特殊或额外的劳动消耗和因其他特殊原因支付给职工的津贴，以及为了保证职工工资水平不受物价影响支付给职工的物价补贴等。

1. 计时工资

计时工资是按计时工资标准和工作时间支付给职工的劳动报酬。计时工资标准是指每一职工在单位时间（月、日或小时）内应得的工资额，不同职务、不同工种和不同等级的职工应分别规定不同的工资标准，以体现按劳分配的原则。计时工资包括：①对已做工作按计时工资标准支付的工资；②实行结构工资制的单位支付给职工的基础工资和职务（岗位）工资；③新参加工作职工的见习工资（学徒的生活费）等。

2. 计件工资

计件工资是按职工所完成的工作量和计件单价计算支付的劳动报酬。计件单价指完成单位工作量应得的工资。计件工资包括：①在实行超额累进计件、直接无限计件、限额计件和超定额计件等工资制度下，按照定额和计件单价支付给职工的工资；②按工作任务包干方法支付给职工的工资；③按营业额提成或利润提成办法支付给职工的工资。

3. 奖金

奖金是指支付给职工的超额劳动报酬和由于增收节支而给予职工的奖励，包括：①生产奖；②节约奖；③劳动竞赛奖；④机关、事业单位的奖励工资；⑤其他经常性奖金。奖金应按照国家和本单位有关规定计算、支付。

4. 津贴和补贴

津贴和补贴是指为补偿职工特殊的劳动消耗和因其他特殊原因支付给职工的津贴，以及为了保证职工工资水平不受物价影响支付给职工的物价补贴。包括：①补偿职工特殊或额外劳动消耗的津贴；②保健性津贴；③技术性津贴；④其他津贴；⑤各种物价补贴。津贴和补贴也应按照国家和本单位有关规定计算、支付。

（二）职工福利费

职工福利费主要包括职工因公负伤赴外地就医路费、职工生活困难补助、未实行医疗统筹企业职工医疗费用，以及按规定发生的其他职工福利支出。

（三）社会保险费

社会保险费是指企业按照国家规定的基准和比例计算，向社会保险经办机构缴纳的医疗保险费、养老保险费、失业保险费、工伤保险费和生育保险费等社会保险费。

（四）住房公积金

住房公积金是指企业按照国务院《住房公积金管理条例》规定的基准和比例计算，向住房公积金管理机构缴存的住房公积金。

（五）工会经费和职工教育经费

工会经费和职工教育经费是指企业为了改善职工文化生活、为职工学习先进技术和提高文化水平和业务素质，用于开展工会活动和职工教育及职业技能培训等的相关支出。

（六）非货币性福利

非货币性福利是指企业以自己的产品或外购商品发放给职工作为福利，供职工无偿使用。

（七）辞退福利

职工薪酬准则规定的辞退福利包括两方面的内容：一是在职工劳动合同尚未到期前，不论职工本人是否愿意，企业决定解除与职工的劳动关系而给予的补偿；二是在职工劳动合同尚未到期前，为鼓励职工自愿接受裁减而给予的补偿，职工有权利选择继续在职或接受补偿离职。

企业的职工薪酬并非全部计入产品制造成本，必须分清职工薪酬的组成内容与计入产品制造成本的人工费用。只有与企业生产活动有关的人员的薪酬，以及为生产活动服务的人员的薪酬可以计入产品制造成本。除此以外的其他人工费用，应根据有关规定按其用途分别列支有关费用。

职工薪酬按其计入产品成本的程序和方式，可分为直接职工薪酬和间接职工薪酬两种。直接职工薪酬是指直接从事产品生产而发生的人工费用，可直接计入产品成本，并以“直接人工”成本项目单独列示，形成产品成本的一个重要组成部分。间接职工薪酬是指为组织和管理生产活动而发生的人工费用。间接职工薪酬应按其发生地点进行归集。

二、薪酬费用的归集

企业采用不同职工薪酬制度计算出应付给职工薪酬总额后，需要按其用途和发生地点进行归集，列入不同的费用、成本账户：①生产工人的薪酬，计入“直接人工”成本项目；②生产单位管理人员和辅助人员的薪酬，计入“制造费用”；③企业行政管理人员薪酬，计入“管理费用”；④专设销售机构人员薪酬，计入“销售费用”。

三、薪酬费用的分配

$$薪酬费用分配率=\frac{本月各种产品应负担生产工人薪酬费用总额}{各种产品定额工时或实际工时之和}$$

某产品本月应分配的生产工人薪酬费用=该产品本月定额工时或实际工时×薪酬费用分配率

【例1】某企业生产甲乙两种产品，2020年12月共发生生产工人工资75 000元，福利费5 000元。上述人工费按生产工时比例在甲、乙产品间分配，其中甲产品的生产工时为1 100小时，乙产品的生产工时为900小时。

【要求】

计算该企业生产甲、乙产品应分配的人工费。

【解析】

$$生产职工薪酬费用分配率=\frac{75\ 000+5\ 000}{1\ 100+900}=40$$

甲产品应分配的生产职工薪酬 = 1 100×40 = 44 000

乙产品应分配的生产职工薪酬 = 900×40 = 36 000

巩固与提高

1.（2016年高考题）A公司设有一个基本生产车间，生产甲、乙两种产品，原材料在生产开工时一次投入，采用品种法计算产品成本。

2015年11月份有关成本、费用资料汇总如下：

本月发生的各项要素费用见表3-3，甲、乙产品的生产工时分别为1 800小时、1 400小时；

【要求】

根据上述资料，完成下列计算，结果填入答题卡指定位置（计算结果保留到小数点后两位）：

按生产工时比例对工资薪酬进行分配，计算表3-4中指定项目。

表3-3　要素费用汇总表

2015年11月　　　　金额单位：元

领用部门及用途		原材料			职工薪酬	折旧费	水电费
		M材料	N材料	H材料			
基本生产车间	甲产品	48 000	32 000	15 200	89 472		
	乙产品	36 000	24 000	11 400			
基本生产车间一般耗用				9 000	9 925.8	1 943.2	2 811
企业管理部门					19 851.6	300	400
合计		84 000	56 000	35 600	119 249.4	2 243.2	3 211

表 3-4　职工薪酬费用分配表

2015 年 11 月　　　　金额单位：元

应借科目	生产工时	分配率	金额
基本生产成本(甲产品)	1 800		②
基本生产成本(乙产品)	1 400		③
小计	3 200	①	89 472

2.(2010 年高考题)某企业大量生产甲、乙两种产品，采用品种法计算产品成本，原材料系生产开始时一次性投入。2009 年 11 月的成本核算资料如下：

(1) 月初在产品成本：甲产品为 6 520 元，其中：直接材料 3 020 元，直接人工 2 350 元，制造费用 1 150 元；乙产品为 2 490 元，其中：直接材料 1 320 元，直接人工 600 元，制造费用 570 元。

(2) 本月发生如下生产费用：

① 材料费用共 29 760 元，其中：甲产品耗用 9 536 元；乙产品耗用 8 274 元；甲、乙产品共同耗用 10 686 元；生产车间一般耗用 1 264 元；

② 职工薪酬费用：生产工人工资薪金 45 682 元；车间管理人员工资薪金 2 750 元；

③ 制造费用共计 9 800 元。

(3) 其他有关成本资料：

① 甲产品本月完工 800 件，月末在产品 200 件；乙产品本月完工 500 件，月末在产品 100 件；甲、乙产品在产品完工程度均为 50%。

② 本月甲产品生产工时 8 000 小时，乙产品生产工时 6 000 小时。

【要求】

(1) 按甲、乙产品的直接耗用材料金额比例分配其共同耗用的材料费；

(2) 按甲、乙产品的生产工时比例分配薪酬费。

第四章　辅助生产费用的归集与分配

学习目标

1. 熟悉辅助生产成本分配五种分配方法的特点。
2. 熟悉辅助生产成本分配五种分配方法的适用范围。
3. 掌握直接分配法的计算和账务处理。
4. 掌握交互分配法的计算和账务处理。

第一节　辅助生产费用的归集和分配概述

相关知识

一、辅助生产与辅助生产费用的概念

（一）辅助生产

辅助生产是指为基本生产车间、行政管理部门等提供服务而进行的产品生产和劳务供应。企业通常设置专门的辅助生产车间来组织其产品的生产和劳务的供应。有的辅助生产车间只生产一种产品或提供一种劳务，如供电、供水、供汽等辅助生产车间；有的辅助生产车间则生产多种产品或提供多种劳务，如从事工具、模具、修理用备件的制造以及机器设备的修理等辅助生产车间。辅助生产车间的主要任务是为企业内部的生产和管理服务，辅助生产车间提供的产品和劳务，虽有时也对外销售，但不是辅助生产车间的主要任务。

（二）辅助生产费用

辅助生产费用是指辅助生产车间为生产产品和提供劳务而发生的原材料费用、动力费用、工资及福利费用及制造费用。该费用归集或分配到一定种类和数量的产品和劳务上，就构成该种产品或劳务的辅助生产成本。辅助生产产品和劳务成本的高低，对于企业产品成本的水平有较大的影响；同时，也只有在辅助生产产品和劳务成本确定以后，才能计算企业的产品成本。因此，正确、及时组织辅助生产成本的归集与分配，对于节约费用，降低成本，以及正确、及时地计算企业产品成本具有十分重要的意义。

二、辅助生产费用核算的特点

辅助生产费用的分配，是指按照一定的标准和方法，将经过归集得到的辅助生产成本分配到各受益单位或产品上去的过程。

辅助生产费用分配的及时性和准确性，直接影响到基本生产成本和经营管理费用以及经营成果核算的及时性和准确性。因此，辅助生产费用分配的核算是辅助生产费用核算的重要环节。

【例 1】(单选题)基本生产车间固定资产折旧费应列入(　　)。

A. 生产成本基本生产成本　　　　B. 生产成本辅助生产成本

C. 制造费用　　　　D. 管理费用

【解析】

C。

巩固与提高

1. (判断题)辅助生产车间既可能生产产品也可能提供劳务。(　　)

2. (判断题)辅助生产费用是指为基本生产车间、行政管理部门等提供服务而进行的产品生产和劳务供应。(　　)

第二节　辅助生产费用的归集

一、辅助生产费用核算的账户设置

辅助生产费用的核算，是通过“生产成本——辅助生产成本”账户进行的。“生产成本——辅助生产成本”账户是成本类账户，用以核算企业所发生的辅助生产费用，按辅助生产车间设置明细账，明细账按费用项目或成本项目设置。辅助生产车间发生的直接成本，如直接材料、直接人工等，直接计入“生产成本——辅助生产成本”的借方。发生的制造费用，如折旧费、水电费等一般先通过“制造费用——××辅助生产车间”账户借方归集，月末再转入“生产成本——辅助生产成本”账户的借方。

提示：如果辅助生产车间不对外提供商品，且规模较小，为简化核算工作，制造费用可以直接记入“生产成本——辅助生产成本”账户的借方，不通过“制造费用”账户核算。

二、辅助生产费用归集的账务处理

【例 1】某工业企业 20××年 3 月辅助生产供电车间和机修车间发生的成本如下：

(1) 3 月 4 日，以银行存款支付辅助生产车间办公用品费 520.5 元，其中供电车间 320.5 元，机修车间 200 元；

(2) 3 月 10 日，以银行存款支付水电费 1 200 元，其中供电车间 800 元，机修车间 400 元；

(3) 3 月 15 日，按照工资总额的分配标准分配工资费用，其中供电车间负担 4 800 元，机修车间负担 3 200 元；

(4) 3 月 25 日，计提折旧 5 000 元，其中供电车间计提折旧 3 000 元，机修车间计提折旧 2 000 元；

(5) 3 月 31 日，领用材料 1 000 元，其中供电车间计提折旧 800 元，机修车间计提折旧 200 元。

【要求】

根据上述业务，编制会计分录。

【解析】

(1) 借：生产成本——辅助生产成本(供电)　　320.5
　　　　　　　——辅助生产成本(机修)　　200
　　贷：银行存款　　　　　　　　　　　　　　520.5

(2) 借：生产成本——辅助生产成本(供电)　　800
　　　　　　　——辅助生产成本(机修)　　400
　　贷：银行存款　　　　　　　　　　　　　　1 200

(3) 借：生产成本——辅助生产成本(供电)　　4 800
　　　　　　　——辅助生产成本(机修)　　3 200
　　贷：应付职工薪酬　　　　　　　　　　　　8 000

(4) 借：生产成本——辅助生产成本(供电)　　3 000
　　　　　　　——辅助生产成本(机修)　　2 000
　　贷：累计折旧　　　　　　　　　　　　　　5 000

(5) 借：生产成本——辅助生产成本(供电)　　800
　　　　　　　——辅助生产成本(机修)　　200
　　贷：原材料　　　　　　　　　　　　　　　1 000

将上述归集的费用登记入账后，辅助生产成本明细账如表 4-1、表 4-2 所示。

表 4-1　辅助生产成本明细账

供电车间

20××年		摘要	费用事项					
月	日		职工薪酬	折旧费	办公费	材料费	水电费	合计
3	4	付办公用品费			320.5			320.5
	10	付水电费					800	800
	15	分配工资	4 800					4 800
	25	分配折旧费		3 000				3 000
	31	分配材料费				800		800
		本月合计	4 800	3 000	320.5	800	800	9 720.5

表 4-2　辅助生产成本明细账

机修车间

20××年		摘要	费用事项					
月	日		职工薪酬	折旧费	办公费	材料费	水电费	合计
3	4	付办公用品费			200			200
	10	付水电费					400	400
	15	分配工资	3 200					3 200
	25	分配折旧费		2 000				2 000
	31	分配材料费				200		200
		本月合计	3 200	2 000	200	200	400	4 000

巩固与提高

1.（单项选择题）辅助生产车间发生的固定资产折旧费，可以借记的账户有（　　）。

A. 制造费用　　B. 管理费用

C. 生产成本——基本生产成本　　D. 生产成本——辅助生产成本

2.（填空题）辅助生产费用的核算，是通过__________账户进行的。

3.（判断题）如果辅助生产车间不对外提供商品，且规模较小，为简化核算工作，制造费用可以直接记入"生产成本——辅助生产成本"账户的借方，不通过"制造费用"账户核算。（　　）

第三节　辅助生产成本的分配

经过前述各项成本的归集，辅助生产车间所发生的各项成本，已全部归集到"辅助生产成本"账户的借方，月份终了，应按照一定的方法和分配比例将辅助生产成本分配给各受益对象。

企业辅助生产车间如果生产工具、模具等产品，应在产品完工时，借记"周转材料——低值易耗品""原材料"等账户，贷记"辅助生产成本"账户。辅助生产车间提供的水、电、汽、修理、运输等劳务所发生的费用，要在各受益单位之间按照标准所耗用数量或其他比例进行分配，借记"基本生产成本""制造费用""管理费用"等账户，贷记"辅助生产成本"账户。

辅助生产提供的产品和劳务，主要是为基本生产车间和企业管理部门使用和服务的。但在某些辅助生产车间，也有相互提供产品和劳务的情况，如供汽车间为运输车间提供热力，运输车间为供汽车间运输。这样，为了计算运输成本，就要计算确定供汽成本；为了计算供汽成本，就要计算确定运输成本。因此，为了正确计算辅助生产产品和劳务成本，将辅助生产成本正确地计入基本生产产品成本和期间费用，在分配辅助生产成本时，就应根据不同的情况，采用不同的方法进行分配。

辅助生产成本的分配方法主要有：直接分配法、交互分配法、计划分配法、代数分配法及顺序分配法。本书只介绍直接分配法和交互分配法的计算。

【例 1】（2019 年 B 卷）（多选题）下列各项中，不属于辅助生产费用分配方法的是（　　）。

A. 直接分配法　　B. 交互分配法

C. 计划成本分配法　　D. 生产工人工资比例分配法

【解析】

ABC；辅助生产成本的分配方法主要有：直接分配法、交互分配法、计划分配法、代数分配法及顺序分配法；生产工人工资比例分配法为制造费用的分配方法。

一、直接分配法

直接分配法是不考虑各辅助生产车间之间相互提供劳务或产品的情况，将各辅助生产成本直接分配给辅助生产以外的各受益单位。

在这种分配方法下，其计算公式如下：

某辅助生产车间分配率=该辅助生产车间成本总额/(该辅助生产车间提供劳务总量-对其他辅助生产车间提供的劳务量)

辅助生产以外的受益部门应分配成本=该部门受益劳务数量×分配率

【例2】(2019年B卷)某厂设有供电和机修两个辅助生产车间，在分配费用前，供电车间本月生产费用为29 120元，机修车间为26 880元。本月供电车间供电88 000度，其中机修车间耗用8 000度，产品生产耗用60 000度，基本生产车间一般耗用6 000度，厂部管理部门耗用12 000度，专设的销售机构耗用2 000度。本月机修车间修理工时为8 480小时，其中供电车间480小时，基本生产车间一般耗用6 000小时，厂部管理部门1 000小时，专设销售机构1 000小时。

【要求】

采用直接分配法分配辅助生产费用。其供应对象和数量如表4-3所示。

表4-3

供应对象		供电数量(度)	机修数量(小时)
辅助生产车间	供电车间		480
	机修车间	8 000	
基本生产车间	产品耗用	60 000	
	一般耗用	6 000	6 000
厂部管理部门		12 000	1 000
专设销售机构		2 000	1 000
合计		88 000	8 480

【解析】

(一) 供电车间分配情况

(1) 分配率=29 120/(88 000-8 000)=0.364(元/度)

(2) 各受益对象应负担成本：

基本生产车间产品应负担=60 000×0.364=21 840(元)

基本生产车间一般耗用应负担=6 000×0.364=2 184(元)

厂部管理部门应负担=12 000×0.364=4 368(元)

专设的销售机构应负担=2 000×0.364=728(元)

(二) 机修车间分配情况

(1) 分配率=26 880/(8 480-480)=3.36(元/时)

(2) 各受益对象应负担成本：

基本生产车间一般耗用应负担=6 000×3.36=20 160(元)

厂部管理部门应负担=1 000×3.36=3 360(元)

专设的销售机构应负担=1 000×3.36=3 360(元)

表 4-4　辅助生产成本分配表

（直接分配法）

年　月

<table>
<tr><td colspan="4">辅助生产车间名称</td><td>供电车间</td><td>机修车间</td><td>合计</td></tr>
<tr><td colspan="4">待分配费用</td><td>29 120</td><td>26 880</td><td>56 000</td></tr>
<tr><td colspan="4">供应辅助生产车间以外的劳务量</td><td>80 000</td><td>8 000</td><td></td></tr>
<tr><td colspan="4">分配率</td><td>0. 364</td><td>3. 36</td><td></td></tr>
<tr><td rowspan="5">基本生产车间耗用</td><td rowspan="2">应借“基本生产成本”账户</td><td rowspan="2">产品</td><td>耗用数量</td><td>60 000</td><td></td><td></td></tr>
<tr><td>分配金额</td><td>21 840</td><td></td><td>21 840</td></tr>
<tr><td rowspan="2">应借“制造费用”账户</td><td rowspan="2">一般耗用</td><td>耗用数量</td><td>6 000</td><td>6 000</td><td></td></tr>
<tr><td>分配金额</td><td>2 184</td><td>20 160</td><td>22 344</td></tr>
<tr><td colspan="3">分配金额小计</td><td>24 024</td><td>20 160</td><td>44 184</td></tr>
<tr><td rowspan="2">厂部管理部门</td><td rowspan="2" colspan="2">应借“管理费用”账户</td><td>耗用数量</td><td>12 000</td><td>1 000</td><td></td></tr>
<tr><td>分配金额</td><td>4 368</td><td>3 360</td><td>7 728</td></tr>
<tr><td rowspan="2">专设销售机构</td><td rowspan="2" colspan="2">应借“销售费用”账户</td><td>耗用数量</td><td>2 000</td><td>1 000</td><td></td></tr>
<tr><td>分配金额</td><td>728</td><td>3 360</td><td>4 088</td></tr>
<tr><td colspan="4">分配金额合计</td><td>29 120</td><td>26 880</td><td>5 6000</td></tr>
</table>

根据上述分配资料编制会计分录如下：

借：基本生产成本　　　　　　　21 840

　　制造费用　　　　　　　　　22 344

　　管理费用　　　　　　　　　7 728

　　销售费用　　　　　　　　　4 088

　　贷：辅助生产成本——供电车间　　　　29 120

　　　　　　　　　　——机修车间　　　　26 880

采用直接分配法，各辅助生产车间成本只对辅助生产车间以外的受益单位分配一次，计算工作较为简单，但分配结果不够准确。这种方法一般适用在辅助生产内部相互提供劳务不多、不进行交互分配、对辅助生产成本和企业产品成本影响不大的情况下采用。

二、交互分配法

交互分配法是先根据各辅助生产车间相互提供的劳务量和交互分配前的实际单位成本，进行一次交互分配，然后将各辅助生产车间交互分配后的实际成本（即交互分配前的成本加上交互分配转入的成本，减去交互分配转出的成本）再按劳务耗用量，在辅助生产车间以外的其他收益单位之间进行分配。

在这种分配方法下，需要进行两次分配，第一次先对内进行分配，第二次再对外进行分配。

第一次交互分配(对内)计算公式:

交互分配率=某辅助生产车间交互分配前成本总额/该辅助生产车间提供的劳务数量

交互分配金额(某辅助生产车间应分配的其他辅助生产成本)=该辅助生产车间耗用劳务数量×交互分配率

第二次交互分配(对外),首先归集各辅助生产车间的实际成本,计算公式如下:

某辅助生产车间实际成本=该辅助生产车间交互分配前的成本+该车间交互分配转入成本-该车间交互分配转出成本

某辅助生产车间对外分配率=该辅助生产车间实际成本/(该辅助生产车间提供劳务总量-对其他辅助生产车间提供的劳务量)

某受益单位应负担该辅助生产成本=该受益单位劳务耗用量×该辅助生产车间对外分配率

【例 3】仍以例 2 的资料为例,某厂设有供电和机修两个辅助生产车间,在分配费用前,供电车间本月生产费用为 29 120 元,机修车间为 26 880 元。本月供电车间供电 88 000 度,其中机修车间耗用 8 000 度,产品生产耗用 60 000 度,基本生产车间一般耗用 6 000 度,厂部管理部门耗用 12 000 度,专设的销售机构耗用 2 000 度。本月机修车间修理工时为 8 480 小时,其中供电车间 480 小时,基本生产车间一般耗用 6 000 小时,厂部管理部门 1 000 小时,专设销售机构 1 000 小时。

【要求】

采用交互分配法分配辅助生产费用。

【解析】

(1) 交互分配(对内分配)

供电车间交互分配率=29 120/88 000=0. 331(元/度)

机修车间负担供电车间费用=8 000×0. 331=2 648(元)

机修车间交互分配率=26 880/8 480=3. 170(元/小时)

供电车间负担机修车间费用=480×3. 170=1 521. 60(元)

(2) 对外分配

供电车间实际成本=29 120+1 521. 60-2 648=27 993. 60(元)

供电车间对外分配率=27 993. 60/(88 000-8 000)=0. 35(元/度)

基本生产车间产品生产应负担电费=60 000×0. 35=21 000(元)

基本生产车间一般耗用应负担电费=6 000×0. 35=2 100(元)

厂部管理部门应负担电费=12 000×0. 35=4 200(元)

专设的销售机构应负担电费=27 993. 60-21 000-2 100-4 200=693. 60(元)

机修车间实际成本=26 880+2 648-1 521. 60=28 006. 40(元)

机修车间对外分配率=28 006. 40/(8 480-480)=3. 50(元/小时)

基本生产车间一般耗用应负担机修成本=6 000×3. 50=2 1000(元)

厂部管理部门应负担机修成本=1 000×3. 50=3 500(元)

专设的销售机构应负担机修成本=3 506. 40(元)

表 4-5　辅助生产成本分配表

（交互分配法）

年　月

项　　目				交互分配			对外分配		
辅助生产车间名称				供电	机修	合计	供电	机修	合计
待分配费用				29 120	26 880	56 000	27 993.6	28 006.4	56 000
供应劳务量				88 000	8 480		80 000	8 000	
费用分配率				0.331	3.170		0.35	3.5	
辅助生产车间耗用	应借“辅助生产成本”账户	供电车间	耗用数量		480				
			分配金额		1 521.6	1521.6			
		机修车间	耗用数量	8 000					
			分配金额	2 648		2 648			
	分配金额小计			2 648	1 521.6	4 169.6			
基本生产车间耗用	应借“基本生产成本”账户	产品	耗用数量				60 000		
			分配金额				21 000		21 000
	应借“制造费用”账户	一般耗用	耗用数量				6 000	6 000	
			分配金额				2 100	21 000	23 100
	分配金额小计						23 100	21 000	44 100
厂部管理部门	应借“管理费用”账户		耗用数量				12 000	1 000	
			分配金额				4 200	3 500	7 700
专设销售机构	应借“销售费用”账户		耗用数量				2 000	1 000	
			分配金额				693.60	3 506.40	4 200
分配金额合计							27 993.6	28 006.4	56 000

根据上述分配资料编制会计分录如下：

（1）交互分配：

借：辅助生产成本——供电车间　　1 521.6
　　　　　　　　——机修车间　　2 648
　贷：辅助生产成本——机修车间　　1 521.6
　　　　　　　　　——供电车间　　2 648

（2）对外分配：

借：基本生产成本　　21 000
　　制造费用　　23 100
　　管理费用　　7 700
　　销售费用　　4 200
　贷：辅助生产成本——供电车间　　27 993.6
　　　　　　　　　——机修车间　　28 006.4

采用交互分配法，由于辅助生产内部相互提供劳务全部进行交互分配，因而提高了分配结果的准确性，但由于各种辅助生产成本都要计算两个分配率，进行两次分配，因而计算工作量较大。所以这种方法一般适用于企业的辅助生产车间不多的情况下。

【例 4】(2010 年 A 卷)(判断题)各辅助生产车间交互分配后的费用应分配给所有受益对象。( )

【解析】×；交互分配后的费用只对外分配，不对内分配

【例 5】(2016 年 A 卷)(单选题)辅助生产费用交互分配法，第一次交互分配的对象是( )。

A. 企业内每个受益单位　　B. 辅助生产车间之间

C. 辅助生产车间以外的受益单位　　D. 除本企业外的其他单位

【解析】B

三、计划成本分配法

计划成本分配法是指辅助生产为各车间、部门(包括受益的其他辅助生产车间在内)提供的劳务或产品，一律按劳务或产品的计划单位成本进行分配；辅助生产实际发生的成本(包括辅助生产车间交互分配转入的成本在内)与按计划单位成本分配的成本的差额，再分配给辅助生产以外的各受益单位负担，为简化核算工作，一般由管理费用负担。

在这种分配方式下，分配辅助生产成本也分两步进行。第一步，根据各辅助生产车间提供的劳务总数量，按计划成本分配给各受益车间或部门，包括其他辅助生产车间；第二步，将各辅助生产车间的实际总成本与已分配的计划总成本之间的差额即成本差异，转入管理费用。分配完成后，各辅助生产成本账户应无余额。计算公式如下：

某辅助生产车间对外分配计划总成本=该辅助生产车间提供的劳务总量×该车间计划单位成本

某辅助生产车间实际总成本=该辅助生产车间归集的成本+其他辅助车间分配转来的计划成本

某辅助生产车间成本差异=该辅助生产车间实际总成本-该辅助生产车间已对外分配的计划总成本

采用计划成本分配法，各种辅助生产成本也只分配一次，而且劳务的计划单位成本是早已确定的，不必单独计算分配率，因而简化了计算工作，加速成本核算，而且便于通过差异考核和评价辅助生产车间的成本发生情况。这种方法一般适宜辅助生产劳务的计划单位成本比较准确的情况下采用。

四、代数分配法

代数分配法是指先根据各辅助生产车间相互提供产品和劳务的数量，求解联立方程式，计算辅助生产产品或劳务的单位成本。然后，根据各受益单位耗用产品或劳务的数量和单位成本，计算分配辅助生产费用。

这种方法分配结果最为准确，也最能体现受益原则，适用于计算工作已经实现电算化的企业。但这种方法在辅助生产车间较多的情况下使用，未知数较多，计算烦琐。

五、顺序分配法

顺序分配法是指各辅助生产车间按受益多少的顺序依次排列，受益少的排在最前，先将费用分配出去，受益多的排在后面，后将费用分配出去。

这种分配方法不进行交互分配，各辅助生产费用只分配一次，分配结果的正确性受到一定的影响，计算工作量有所增加，这种方法适用于各辅助生产车间或部门之间相互受益程度有明显顺序的情况下采用。

【例6】(2014年A卷)(多选题)辅助生产费用分配方法可以采用(　　)。

A. 约当产量法　　B. 工时比例法　　C. 交互分配法　　D. 直接分配法

【解析】CD；辅助生产成本的分配方法主要有：直接分配法、交互分配法、计划分配法、代数分配法及顺序分配法

六、五种分配方法之间的比较

方法	特点	评价	适用范围
直接分配法	不考虑辅助生产车间之间相互提供劳务或产品的情况，而将各辅助生产车间发生的成本直接分配给辅助生产车间以外的各受益单位	优点：只分配一次，简便易行 缺点：分配结果不够准确	辅助生产车间内部相互提供劳务不多的情况下采用
交互分配法	先根据各辅助生产车间相互提供的劳务量和交互分配前的实际单位成本进行一次交互分配，然后将各辅助生产车间交互分配后的实际成本再按劳务耗用量分配给辅助生产车间以外的各受益单位	优点：辅助生产内部相互提供的劳务全部进行交互分配，提高了分配结果准确性 缺点：计算两个分配率，进行两次分配，计算工作量较大	企业的辅助生产车间不多的情况下采用
计划分配法	辅助生产车间为各车间、部门提供的劳务或产品一律按计划单位成本分配。辅助生产实际发生的成本与按计划单位成本分配的成本的差额，再分配给辅助生产以外的各受益单位负担，为简化核算工作，一般由管理费用负担	优点：简化了计算工作，加速了成本核算，而且便于通过差异考核和评价辅助生产车间的成本发生情况 缺点：计划单位成本不准确就会影响分配结果的准确性	辅助生产劳务的计划单位成本比较准确的情况下采用
代数分配法	先根据各辅助生产车间相互提供产品和劳务的数量，求解联立方程式，计算辅助生产产品或劳务的单位成本。然后，根据各受益单位耗用产品或劳务的数量和单位成本，计算分配辅助生产费用	优点：分配结果最为准确，最能体现受益原则 缺点：在辅助生产车间较多的情况下使用，未知数较多，计算烦琐	适用于计算工作已经实现电算化的企业
顺序分配法	各辅助生产车间按受益多少的顺序依次排列，受益少的排在最前，先将费用分配出去，受益多的排在后面，后将费用分配出去	这种分配方法不进行交互分配，各辅助生产费用只分配一次，分配结果的正确性受到一定的影响，计算工作量有所增加	适用于各辅助生产车间或部门之间相互受益程度有明显顺序的情况下采用

巩固与提高

1.(单选题)将辅助生产成本直接分配给辅助生产以外的各受益单位，这种分配方法是(　　)。

A. 直接分配法　　B. 交互分配法

C. 计划成本分配法　　D. 代数分配法

2.(单选题)采用交互分配法时，某辅助生产车间对外分配的成本总额是(　　)。

A. 交互分配前的成本减去交互分配转出的成本

B. 交互分配前的成本

C. 交互分配前的成本加上交互分配转入的成本

D. 交互分配前的成本加上交互分配转入的成本，减去交互分配转出的成本

3.(判断题)计划成本分配法是辅助生产成本分配方法中分配结果最为准确的方法。(　　)

第五章　制造费用的归集与分配

学习目标

1. 熟悉制造费用四种分配方法的适用范围。
2. 掌握制造费用分配的生产工时比例法。

第一节　制造费用的归集与分配概述

相关知识

一、制造费用概述

制造费用是指制造业为生产产品和提供劳务而发生的不能直接计入产品成本的各项间接成本。包括：基本生产车间或单独设置“制造费用”账户的辅助生产车间除生产人员外所有人员的薪酬、机物料消耗、折旧费、办公费、水电费、劳动保护费、租赁费、试验检验费、低值易耗品摊销、季节性及修理期间的停工损失等。

上述项目的具体内容如下。

(一) 工资

工资是指基本生产车间(或单独设置“制造费用”账户的辅助生产车间)除生产工人以外的所有人员的工资。如车间管理人员、车间辅助工人、修理工人、搬运工人、工程技术人员及勤杂人员等的工资。

(二) 福利费

福利费是指企业预计确认的职工福利费。

(三) 机物料消耗

机物料消耗是指生产车间为维护生产设备等消耗的各种材料，但不包括劳动保护用材料。

(四) 折旧费

折旧费是指生产车间的各项固定资产按照规定计算提取的折旧费。由于基本生产车间直接生产产品的机器设备折旧费按其性质属直接成本，故在这部分折旧费用相对较大时，可在基本生产成本账户中增设“折旧费”成本项目并予以直接计入。在一般情况下，该折旧费相对不大，故将其视同间接成本，连同车间房屋等折旧一并在制造费用中列支。

(五) 办公费

办公费是指生产车间的文具、办公用品、印刷、报刊、邮电等办公费用。

（六）水电费

水电费是指生产车间由于消耗水电而支付或应负担的费用，如照明取暖用电、一般用水等费用。为产品所耗用、单设成本项目的水电费，直接计入生产成本账户及其明细账户的专设成本项目，不包括在本项目内。数额较少、未设专门成本项目的动力成本，视同间接成本在制造费用中列支。

（七）劳动保护费

劳动保护费是指生产车间为保护劳动者身体的安全健康发生的各项支出，如安全装置、卫生设备、通风设备、工作服等支出。作为固定资产核算的安全设施支出，应在固定资产账户核算，不在本项目内。

（八）租赁费

租赁费是指生产车间为弥补生产设备或场地不足而经营租入的设备、场地的租金。

（九）试验检验费

试验检验费是指生产车间为保证产品的工艺或质量要求进行各种试验及产品检验发生的耗费支出。

（十）低值易耗品摊销

低值易耗品摊销是指生产车间为进行产品生产而领用的工具、模具等不列入固定资产的低值易耗品的价值摊销。不论采用何种摊销方法，均计入该项目。

（十一）季节性及修理期间的停工损失

季节性及修理期间的停工损失是指从事季节性产品生产的车间在非生产性季节的停工损失，以及机器设备修理期间的停工损失。

二、制造费用的核算账户

制造费用是在生产过程中发生的不能直接计入生产成本的间接成本，一般分为间接材料、间接人工和其他间接成本，为了归集、汇总和分配企业在生产过程中发生的制造费用，应设置"制造费用"账户。该账户应按不同的车间、部门设立明细账，账内再按照费用项目设立专栏，分别反映各车间部门制造费用的发生情况。对于制造费用的核算，需要依赖会计人员的专业判断能力，正确划分制造费用。"制造费用"账户是集合分配账户，借方反映制造费用的实际发生数，贷方反映分配结转到"生产成本——基本生产成本"科目或"生产成本——辅助生产成本"科目的数额，除按年度计划分配率法分配制造费用的企业外，"制造费用"账户月末应无余额。在归集制造费用时，企业应根据费用发生的有关凭证和各种分配表，借记"制造费用"账户，贷记"原材料""应付职工薪酬""累计折旧"和"银行存款"等科目。

【例 1】某工业企业 20××年 3 月基本生产车间发生费用如下：

(1) 3 月 10 日，以银行存款支付办公用品费 1 000 元；

(2) 3 月 15 日，按照工资总额的分配标准分配工资费用，其中车间管理人员工资30 000 元，行政管理人员工资 10 000 元；

(3) 3 月 20 日，支付水电费 2 000 元，其中基本生产车间负担 1 500 元，行政管理部门负担 500 元；

(4) 3 月 25 日，计提折旧 25 000 元，其中基本生产车间计提折旧 15 000 元，行政管理部门计提折旧 10 000 元；

(5) 3 月 31 日，汇总发出本月领用的低值易耗品，基本生产车间领用一般工具 1 500 元，采用一次摊销法。

【要求】

根据上述业务，编制会计分录如下：

(1) 借：制造费用　　1 000
　　贷：银行存款　　1 000

(2) 借：制造费用　　30 000
　　管理费用　　10 000
　　贷：应付职工薪酬——工资　　40 000

(3) 借：制造费用　　1 500
　　管理费用　　500
　　贷：银行存款　　2 000

(4) 借：制造费用　　15 000
　　管理费用　　10 000
　　贷：累计折旧　　25 000

(5) 借：制造费用　　1 500
　　贷：周转材料——低值易耗品(在用)　　1 500

登记的制造费用明细账如表 5-1 所示。

表 5-1　制造费用明细账

基本生产车间　　20××年 3 月

20××年		摘要	费用事项					
月	日		职工薪酬	折旧费	办公费	低值易耗品摊销	水电费	合计
3	10	付办公用品费			1 000			1 000
	15	分配工资	30 000					30 000
	20	付水电费					1 500	1 500
	25	分配折旧费		15 000				15 000
	31	领用低值易耗品				1 500		1 500
		本月合计	30 000	15 000	1 000	1 500	1 500	49 000
	31	分配制造费用						

巩固与提高

1. (判断题)除按年度计划分配率法分配制造费用的企业外，“制造费用”账户月末应无余额。(　　)

2. (多项选择题)制造费用的内容包括(　　)。

A. 间接材料　　B. 间接人工　　C. 其他间接成本　　D. 直接人工

第二节　制造费用分配的核算

一、制造费用分配的程序

月末，制造费用归集汇总后，应将制造费用按受益对象进行分配。如果车间只生产一种产品或只提供一种劳务，制造费用就是直接成本，发生的制造费用应该全部由该产品承担，月末计入该产品的成本当中去。如果车间生产多种产品或提供多种劳务，制造费用就是间接成本，那么，我们应当采用适当的方法对制造费用进行分配，计入各种产品或劳务的成本中去。

二、制造费用的分配的方法

制造费用的分配方法包括：生产工时比例法、生产工人工资比例法、机器工时比例法及年度计划分配率法。

（一）生产工时比例法

生产工时比例法是指以各种产品所耗用的实际生产工时为分配标准分配制造费用的方法。计算公式如下：

制造费用分配率=该车间归集的制造费用总额/该车间各种产品耗用的实际生产工时

某产品应负担的制造费用=该产品的生产工时×制造费用分配率

生产工时比例法在实际工作中的运用比较普遍，这种方法适用于车间内部各产品生产过程的机械化程度相差不大时，如果各种产品生产过程的机械化程度相差悬殊，则不宜采用这种方法。

【例 1】某工厂基本生产车间生产 A、B 两种产品，20××年 3 月，A 产品耗用工时为6 000小时，B 产品耗用工时为 4 000 小时，本月该车间共发生制造费用 70 000 元。

【要求】

按照生产工时比例法对制造费用进行分配。

【解析】

制造费用分配率=70 000/(6 000+4 000)=7(元/小时)

A 产品应负担的制造费用=6 000×7=42 000(元)

B 产品应负担的制造费用=4 000×7=28 000(元)

分配过程见表 5-2。

表 5-2　制造费用分配表

基本生产车间　　　　20××年 3 月

产品名称	生产工时	分配率	分配金额(元)
A 产品	6 000		42 000
B 产品	4 000		28 000
合计	10 000	7	70 000

根据表 5-2 的制造费用分配表编制如下会计分录：

借：生产成本——基本生产成本——A 产品　　42 000

　　　　　——基本生产成本——B 产品　　28 000

　贷：制造费用　　70 000

(二) 生产工人工资比例法

生产工人工资比例法是指按照计入各种产品成本的生产工人的实际工资为分配标准分配制造费用的方法。计算公式如下：

制造费用分配率=该车间归集的制造费用总额/该车间各种产品的生产工人工资合计

某产品应负担的制造费用=该产品的生产工人工资额×制造费用分配率

生产工人工资比例法适用于各种产品生产的机械化程度相差不多的情况。

【例 2】某工厂基本生产车间生产 A、B 两种产品，20××年 3 月，生产 A 产品工人工资为 50 000 元，生产 B 产品工人工资为 30 000 元，本月该车间共发生制造费用 80 000 元。

【要求】按照生产工人工资比例法对制造费用进行分配。

【解析】

制造费用分配率=80 000/(50 000+30 000)=1(元/小时)

A 产品应负担的制造费用=50 000×1=50 000(元)

B 产品应负担的制造费用=30 000×1=30 000(元)

分配过程见表 5-3。

表 5-3　制造费用分配表

基本生产车间　　　　20××年 3 月

产品名称	生产工资	分配率	分配金额(元)
A 产品	50 000		50 000
B 产品	30 000		30 000
合计	80 000	1	80 000

根据表 5-3 的制造费用分配表编制如下会计分录：

借：生产成本——基本生产成本——A 产品　　50 000

　　　　　——基本生产成本——B 产品　　30 000

　贷：制造费用　　80 000

(三) 机器工时比例法

机器工时比例分配法是按照各种产品生产所耗用机器设备运转时间的比例来分配制造费用的方法。计算公式如下：

制造费用分配率=该车间归集的制造费用总额/该车间各种产品机器运转时间总数

某产品应负担的制造费用=该产品的机器运转时间总数×制造费用分配率

这种方法适用于产品生产的机械化程度较高的车间，因为制造费用中许多与机器设备使用有关的费用，是和机器设备运转时间有直接联系的，产品生产的机械化程度越高，这部分费用占制造费用比重越大，制造费用与机器设备运转时间的关系也就越密切。

【例3】(单选题)按机器工时比例分配制造费用的方法适用于( )。

A. 机械化程度较高的产品　　B. 机械化程度相差不多的各种产品

C. 季节性生产的企业　　D. 制造费用较多的车间

【解析】

A;机器工时比例法适用于车间机械化程度较高的企业。

(四) 年度计划分配率法

年度计划分配率法是指按照年度开始前预先制定的年度计划分配率分配以后各月制造费用的方法，计划分配率一经确定，年度内一般不做变更。但在年度内，如果全年的制造费用实际总额与计划总额存在较大差异时，需要及时调整计划分配率。

采用年度计划分配率法计算分配制造费用时，不管各月实际发生的制造费用是多少，每月分配的制造费用一律按年度计划分配率分配。由于此方法计算出的分配率是按计划产量计算的，计算结果会与实际产量存在差异，所以，“制造费用”账户月末结转后可能会有余额。

采用这种方法，可以大大简化制造费用的日常分配核算工作，比较适用于季节性生产的企业，有利于均衡产品成本水平，但采用这种方法，必须有较高的计划管理水平，否则年度制造费用的计划数与实际发生数脱离太大，会影响成本计算的准确性。计算公式如下：

制造费用年度计划分配率=年度制造费用的计划总额/各种产品计划产量的定额工时总数

某产品应负担的制造费用=该产品该月实际产量定额工时×年度计划分配率

【例4】某车间生产A、B两种产品，全年制造费用计划金额为26 400元，全年各种产品的计划产量为：A产品200年，B产品300件；单位工时定额为A产品5小时，B产品4小时，该车间本月A产品和B产品实际产量为：A产品40件，B产品56件，本月实际发生制造费用为5 000元。

【要求】

按照年度计划分配率法分配制造费用。

【解析】

(1) A产品年度计划产量的定额工时=200×5=1 000(小时)

B产品年度计划产量的定额工时=300×4=1 200(小时)

该车间制造费用分配率=26 400/(1 000+1 200)=12

(2) A产品实际产量的定额生产工时=40×5=200(小时)

B产品实际产量的定额生产工时=56×4=224(小时)

本月A产品应负担的制造费用=200×12=2 400(元)

本月B产品应负担的制造费用=224×12=2 688(元)

该车间本月按计划分配率分配转出的制造费用=2 400+2 688=5 088(元)

会计分录如下：

借：生产成本——基本生产成本——A产品　　2 400
　　　　　　——基本生产成本——B产品　　2 688
　贷：制造费用　　5 088

（五）四种制造费用分配方法之间的比较

制造费用分配方法	适用范围
生产工人工时比例法	各产品生产的机械化程度相差不多的企业
生产工人工资比例法	各产品生产的机械化程度大致相同的企业
机器工时比例法	各产品机械化程度较高的企业
年度计划分配率法	季节性生产的企业

巩固与提高

1.（单项选择题）（　　）制造费用分配方法下，“制造费用”账户期末可能会有余额。

A. 生产工时比例法　　B. 生产工人工资比例法

C. 机器工时比例法　　D. 年度计划分配率法

2.（单项选择题）特别适用于季节性生产企业的制造费用分配方法是（　　）。

A. 生产工时比例法　　B. 交互分配法

C. 约当产量法　　D. 计划分配率法

3.（计算题）A 公司设有一个基本生产车间，生产甲、乙两种产品，另设一个供电车间和一个机修车间为其提供服务。2010 年 6 月有关成本计算资料如下：

（1）甲产品生产工时 4 000 小时，直接材料 11 500 元，直接人工 4 200 元。

（2）乙产品生产工时 6 000 小时，直接材料 15 900 元，直接人工 5 700 元。

（3）基本生产车间机物料消耗 600 元，车间管理人员工资 2 300 元，折旧费 350 元。

（4）供电车间发生费用 18 620 元，本月供电 56 200 度，其中：机修车间 3 000 度，甲产品 20 000 度，乙产品 25 000 度，基本生产车间 5 000 度，行政管理部门 3 200 度。机修车间本月没有为基本生产车间提供劳务。

【要求】

（1）采用直接分配法分配本月供电车间的辅助生产费用；

（2）按生产工时比例分配制造费用。（计算结果保留小数点后两位）

第六章　生产费用在完工产品和在产品之间的分配

学习目标

1. 理解在产品的含义。
2. 掌握外购动力费用的归集与分配。
3. 掌握职工薪酬的归集与分配。
4. 掌握其他费用的归集与分配。

第一节　在产品数量的核算

相关知识

一、在产品的概念

在产品有广义和狭义之分，广义在产品指没有完成全部生产过程，不能对外销售的产品，包括正在车间加工中的在产品、需要继续加工的半成品、等待验收入库的产品以及正在返修和等待返修的废品等。狭义在产品指没有完成某一生产步骤加工的产品。

二、在产品收发结存的日常核算

在产品流动性较大，在产品数量的核算，应同时具备账面核算资料和实际盘点资料，做好在产品收发结存的日常核算工作和在产品的清查工作，既可以从账面上随时掌握在产品的动态，又可以查清在产品的实存数量，以及正确计算产品成本和加强生产资金和在产品实物管理。因此，应该根据在产品实际盘存数量计算在产品成本。但由于在产品品种多、数量大，每月都要组织实地盘点确有困难，可根据在产品业务核算资料的期末结存量来计算在产品成本。车间在产品收发结存的日常核算，通常是通过“在产品收发结存账”(即在产品台账)进行的，该账分车间并按照产品品种和在产品的名称(零部件名称)设置，提供车间各种在产品收发结存动态的业务核算资料。它是根据领料凭证、在产品内部转移凭证、产品检验凭证和产品交库凭证，及时登记在产品收发结存账，最后由车间核算人员审核汇总。

三、在产品清查的核算

在产品的管理与存货和固定资产一样，应该定期或不定期地进行清查，为正确计算完工产品成本和在产品成本提供准确资料。根据清查结果编制“在产品盘点表”，并与“在产品台账”的账面核算资料进行核对，列明在产品的账面数、实有数、盘盈盘亏数，以及盘亏的原因和处理意见等，对于报废和毁损的在产品还要登记残值。成本核算人员应对在产品盘存表进行认真审核，并报有关部门审批，同时对在产品盘盈、盘亏进行账务处理。

1. 在产品发生盘盈时，按盘盈在产品的实际成本或定额成本：

借：生产成本——基本生产成本

　　贷：待处理财产损溢——待处理流动资产损溢

经过有关部门批准核销盘盈是，作为冲减管理费用处理：

借：待处理财产损溢——待处理流动资产损溢

　　贷：管理费用

2. 在产品发生盘亏时，根据账面实际成本：

借：待处理财产损溢——待处理流动资产损溢

　　贷：生产成本——基本生产成本

经过查明原因，做如下账务处理：

借：其他应收款(责任人赔偿部分)

　　营业外支出(意外灾害造成的净损失)

　　管理费用(收发差错或管理不善造成的损失)

　　原材料(残料入库)

　　贷：待处理财产损溢——待处理流动资产损溢

【例 1】某企业因洪水仓库被淹，造成一批在产品损失，其中 A 产品的在产品盘亏 20 件，单位定额成本 20 元，B 产品在产品损失 100 件，单位定额成本 10 元，残料入库作价 200 元。本次损失属于自然灾害损失的部分有 800 元，由保险公司赔偿 600 元。都已经批准处理。

(1) 盘亏时：

借：待处理财产损溢——待处理流动资产损溢		1 400
贷：基本生产成本——A 产品	400	
——B 产品	1 000	

(2) 批准处理后：

借：其他应收款	600	
营业外支出	800	
贷：待处理财产损溢——待处理流动资产损溢		1 400

四、在产品成本与完成产品成本的关系

月末，归集了产品的生产成本后，要将生产费用在完工产品和在产品之间进行分配，月初在产品、本月生产费用和完工产品成本以及月末在产品成本之间的关系可以以下公式表示：

月初在产品成本+本月生产费用=本月完工产品成本+月末在产品成本

巩固与提高

1. 在产品是指企业已经投入生产、但尚未完工，不能作为商品出售的产品。(　　)

2. 企业对生产用材料因收发计量错误而产生的盘盈，在经批准后应当(　　)。

A. 冲减库存原材料价值　　B. 冲减生产成本

C. 冲减产品成本　　D. 冲减管理费用

3. 自然灾害或意外事故以外的原因造成的存货毁损所发生的净损失，均应计入管理费用。(　　)

第二节　生产费用在完工产品与在产品之间的分配方法

生产费用如何在完工产品和在产品之间分配，企业要考虑在产品数量、各月在产品数量变动幅度、单位成本的大小等条件的基础上，采用适当的分配方法将生产成本在完工产品和在产品之间进行分配。通常采用的方法有以下几种。

一、不计算在产品成本法

不计算在产品成本法是指每个月的生产费用全部由完工产品负担，即每个月生产费用之和就是每个月完工产品成本。采用这种方法，月初在产品和月末在产品成本都为0。

表 6-1　产品成本计算单

成本项目	直接材料	直接人工	制造费用	合计
月初在产品成本	0	0	0	0
本月生产费用	115 400	9 492	17 952	142 844
生产费用累计	115 400	9 492	17 952	142 844
本月完工产品成本(520 件)	115 400	9 492	17 952	142 844
完工产品单位成本	221. 92	18. 25	34. 52	274. 70
月末在产品成本	0	0	0	0

月末在产品成本=0

本月完工产品总成本=本月归集的全部生产费用

完工产品单位成本=本月完工产品总成本÷本月该产品完工数量

这种方法适用于月末在产品数量很少、是否计算在产品成本对完工产品成本影响很小的企业，为了简化核算工作，可以不计算在产品成本。食品行业、自来水公司等企业可以采用这种方法。

二、在产品按年初数固定计算法

在产品按年初数固定计算法是指每个月在产品成本均按年初在产品成本计算，即每月发生的生产费用就是当月完工产品的成本。年末根据实际盘点的在产品数量重新计算在产品成本。

百合公司是生产日化用品的企业，在产品成本按固定成本计算，上年末洗衣液的在产品成本为：直接材料600元，直接人工800元，制造费用700元，编制产品成本计算单。

表6-2　产品成本计算单

成本项目	直接材料	直接人工	制造费用	合计
月初在产品成本	600	800	700	2 100
本月生产费用	115 400	9 492	17 952	142 844
生产费用累计	116 000	10 292	18 652	144 944
本月完工产品成本(520件)	115 400	9 492	17 952	142 844
完工产品单位成本	221.92	18.25	34.52	274.7
月末在产品成本	600	800	700	2 100

月末在产品成本=月初在产品成本

本月完工产品总成本=本月归集的全部生产费用

完工产品单位成本=本月完工产品总成本÷本月该产品完工数量

这种方法适用于月末在产品数量较多，但是各月之间月末在产品数量差别不大的企业。虽然月末在产品数量比较大，但是各月之间的数量差别不大，所以月初、月末在产品成本的差额也不大，为了简化核算，每个月的在产品成本都按照年初在产品成本来计算。化工企业、冶炼企业可以采用这种方法。

三、在产品按原材料费用计价法

在产品按原材料费用计价法是指月末在产品成本只考虑耗用材料费用，不计算直接人工和制造费用等其他加工成本。即加工成本全部由完工产品负担。

表6-3　产品成本计算单

成本项目	直接材料	直接人工	制造费用	合计
月初在产品成本	1 600	0	0	1 600
本月生产费用	115 400	9 490	17 950.4	142 840.4
生产费用累计	117 000	9 490	17 950.4	144 440.4
月末在产品成本(80件)	15 600	0	0	15 600
本月完工产品成本(520件)	101 400	9 490	17 950.4	128 840.4

$$材料费用分配率=\frac{月初在产品成本+本月发生直接材料费用}{完工产品数量+月末在产品数量}$$

月末在产品成本=月末在产品直接材料成本

=材料费用分配率×月末在产品数量

本月完工产品总成本=月初在产品成本+本月归集的全部生产费用

-月末在产品成本

完工产品单位成本=本月完工产品总成本÷本月该产品完工数量

这种方法适用于月末在产品数量较多且各月之间差距较大，但是产品成本中直接材料占比较大的企业。酿酒、造纸企业可以采用这种方法。

四、约当产量比例法

约当产量比例法是按完工产品产量与月末在产品约当产量比例分配计算完工产品成本和月末在产品成本的方法。月末在产品约当产量是将在产品数量按其完工程度折算为相当于完工产品的数量，例如月末在产品100件，完工程度是70%，则相当于完工70件。

$$月末在产品约当产量=月末在产品数量\times在产品完工程度$$

$$单位成本=\frac{月初在产品成本+本月发生生产费用}{完工产品数量+月末在产品约当产量}$$

$$完工产品成本=完工产品数量\times单位成本$$

【例1】百合公司生产A产品，本月完工产品产量为200件，月末在产品100件，加工程度为50%。月初在产品5 000元，本月发生的生产费用累计为10 000元。假设原材料于生产开始后陆续投入，完工产品和在产品的成本计算如下：

【解析】

月末在产品约当产量 $=100\times50\%=50$(件)

单位成本 $=\frac{5\ 000+10\ 000}{200+50}=60$(元)

完工产品成本 $=200\times60=12\ 000$(元)

月末在产品成本 $=50\times60=3\ 000$(元)

这种方法适用于生产的产品月末在产品数量较大，各月末在产品数量变化也较大，产品成本中材料费和加工费所占比重相差不多的企业。由于产品成本中，直接材料和加工费比重相差不大，所以直接材料和加工费用要应按成本项目分别进行。

不同产品的生产模式不一样，投料方式也不尽然相同，有些企业的原材料是随着产品的生产陆续投入，有些企业在生产之初原材料一次性投入，这就会导致直接材料和加工费的完工程度不一样，所以公式的计算应按成本项目分别进行。

【例2】百合公司生产甲产品，本月完工产品数量为500件，期末在产品为400件，原材料系一次投入，期末在产品的完工程度为50%。有关费用资料见表6-4。要求采用约当产量法计算完工产品和期末在产品的成本。

表6-4 产品成本计算单

项目	直接材料	直接人工	制造费用	合计
月初在产品成本	5 000	3 350	650	9 000
本月发生费用	15 000	7 900	2 950	25 850

【解析】

1. 直接材料分配

月末在产品约当产量 $=100\times100\%=100$(件)

单位成本 $=\frac{5\ 000+15\ 000}{400+100}=40$(元)

完工产品成本 $=400\times40=16\ 000$(元)

月末在产品成本 $=100\times40=4\ 000$(元)

2. 直接人工分配

月末在产品约当产量＝100×50%＝50（件）

单位成本＝$\frac{3\ 350+7\ 900}{400+50}$＝25（元）

完工产品成本＝400×25＝10 000（元）

月末在产品成本＝50×25＝1 250（元）

3. 制造费用分配

月末在产品约当产量＝100×50%＝50（件）

单位成本＝$\frac{650+2\ 900}{400+50}$＝8（元）

完工产品成本＝400×8＝3 200（元）

月末在产品成本＝50×8＝400（元）

甲产品月末在产品成本＝4 000+1 250+400＝5 650（元）

甲产品本月完工产品总成本＝16 000+10 000+3 200＝29 200（元）

采用约当产量法计算产品成本，完工程度至关重要，需要注意的是，工业企业生产过程中，除了投料方式不一样之外，还存在多道工序生产的情况，对于多工序生产的企业，不同的工序的完工程度也不同：

1. 直接材料投料程度

原材料采用一次投料方式的，无论分为几个工序，投料程度都是100%，与之前的计算方法一致。

原材料采用逐步投料方式的，如果投入程度和完工程度一致，即按照完工程度计算约当产量。如果原材料投入程度和完工程度不一致：

① 每道工序开始一次投入：

$$该工序投料程度=\frac{前面各工序累计材料消耗定额+本工序材料消耗定额}{单位产品材料定额消耗量}\times 100\%$$

② 在每道工序中随生产陆续投入：

$$该工序投料程度=\frac{前面各工序累计材料消耗定额+本工序材料消耗定额\times 50\%}{单位产品材料定额消耗量}\times 100\%$$

某工序直接材料在产品约当产量＝该工序在产品数量×该工序投料程度

2. 加工费完工程度

$$某工序完工程度=\frac{前面各工序累计工时定额+本工序工时定额\times 50\%}{单位完工产品工时定额}\times 100\%$$

某工序加工费在产品约当产量＝该工序在产品数量×该工序完工程度

【例3】百合公司生产甲产品，分三道工序完成，原材料在开始时一次投入。单位完工产品定额工时为120小时，第一道工序定额工时为60小时，第二道工序定额工时为30小时，第三道工序定额工时为30小时。本月在产品数量合计300件，其中第一道工序100件，第二道工序120件，第三道工序80件。本月完工产品700件，月初和本月生产费用情况如表6-5、表6-6，计算各工序在产品完工程度，编制甲产品成本计算单。

表 6-5 产品成本计算单

项　　目	直接材料	直接人工	制造费用	合计
月初在产品成本	5 000	4 280	1 400	10 680
本月发生费用	15 000	7 900	2 950	25 850
在产品约当产量				
完工产品产量				
分配率				
完工产品成本				
月末在产品成本				

【解析】

原材料开始时一次投入，即投料程度=100%

直接材料期末在产品约当产量=300×100%=300(件)

第一道工序完工程度$=\frac{60\times50\%}{120}\times100\%=25\%$

第二道工序完工程度$=\frac{60+30\times50\%}{120}\times100\%=62.5\%$

第三道工序完工程度$=\frac{60+30+30\times50\%}{120}\times100\%=87.5\%$

第一道工序约当产量=100×25%=25(件)

第一道工序约当产量=120×62.5%=75(件)

第一道工序约当产量=80×87.5%=70(件)

加工费期末在产品约当产量=25+75+70=170(件)

表 6-6 产品成本计算单

项　　目	直接材料	直接人工	制造费用	合计
月初在产品成本	5 000	4 280	1 400	10 680
本月发生费用	15 000	7 900	2 950	25 850
在产品约当产量	300	170	170	—
完工产品产量	700	700	700	—
分配率	20	14	5	39
完工产品成本	14 000	9 800	3 500	27 300
月末在产品成本	6 000	2 380	850	9 230

五、在产品按定额成本计价法

在产品按定额成本计价法是根据事先调查研究、技术测定，确定单位定额成本，再根据月末在产品数量和单位定额成本计算出月末在产品的定额成本的一种方法。

月末在产品定额成本=月末在产品数量×单位定额成本

本月完工产品总成本=(月初在产品成本+本月发生生产费用)-月末在产品定额成本

完工产品单位成本＝本月完工产品总成本÷本月该产品完工数量

【例 4】百合公司生产甲产品，本月完工产品 400 件，本月月末在产品数量合计 120 件，月末在产品定额成本为：直接材料 100 元，直接人工 30 元，制造费用 20 元，月初在产品成本和本月发生的生产费用见表 6-7、表 6-8，编制甲产品成本计算单。

表 6-7　产品成本计算单

项　　目	直接材料	直接人工	制造费用	合计
月初在产品成本	10 000	3 000	2 000	15 000
本月发生费用	15 000	7 900	2 950	25 850
生产费用累计				
完工产品成本				
月末在产品成本				

【解析】

月末在产品定额成本：

直接材料＝120×100＝12 000(元)

直接人工＝120×30＝3 600(元)

制造费用＝120×20＝2 400(元)

本月完工产品总成本：

直接材料＝25 000－12 000＝13 000(元)

直接人工＝10 900－3 600＝＝7 300(元)

制造费用＝4 950－2 400＝＝2 550(元)

完工产品总成本＝13 000+7 300+2 550＝22 850(元)

完工产品单位成本＝22 850÷400＝57. 125(元/件)

表 6-8　产品成本计算单

项　　目	直接材料	直接人工	制造费用	合计
月初在产品成本	10 000	3 000	2 000	15 000
本月发生费用	15 000	7 900	2 950	25 850
生产费用累计	25 000	10 900	4 950	40 850
完工产品成本	13 000	7 300	2 550	22 850
月末在产品成本	12 000	3 600	2 400	18 000

这种方法适用于定额管理水平较高，各项消耗定额或费用定额比较准确、稳定，而且各月在产品数量变化不大的企业。采用这种方法，每月实际生产费用脱离定额的差异，全部由完工产品负担，要注意定额资料的相对稳定。

六、定额比例法

定额比例法是将产品的生产费用按完工产品和月末在产品的定额消耗量或定额费用的比例，分配计算完工产品和月末在产品成本的一种方法。其中，直接材料可以按定额消耗量或定额费用比例分配；直接人工、制造费用等各项加工费可以按定额工时或定额费用比例分配。

1. 直接材料分配

① 定额消耗量分配：

$$直接材料分配率=\frac{月初在产品材料费用+本月发生的材料费用}{完工产品定额耗用量+月末在产品定额耗用量}$$

完工产品直接材料＝完工产品定额消耗量×直接材料分配率

月末在产品直接材料＝月末在产品定额消耗量×直接材料分配率

② 定额费用比例分配：

完工产品定额成本＝完工产品数量×单位完工产品定额成本

月末在产品定额成本＝月末在产品数量×单位在产品定额成本

$$分配率=\frac{月初在产品材料费用+本月发生的材料费用}{完工产品定额成本+月末在产品定额成本}$$

完工产品直接材料＝完工产品定额成本×分配率

月末在产品直接材料＝月末在产品定额成本×分配率

2. 加工费用分配

① 定额工时比例分配：

$$分配率=\frac{月初在产品直接人工或制造费用+本月发生的直接人工或制造费用}{完工产品定额工时+月末在产品定额工时}$$

完工产品直接人工或制造费用＝完工产品定额工时×分配率

月末在产品直接人工或制造费用＝月末在产品定额工时×分配率

② 定额费用比例分配：

同直接材料定额费用比例分配。

【例 5】百合公司生产完工产品和在产品成本分配采用定额比例法，本月甲产品完工 400 件，本月月末在产品合计 120 件，月初在产品成本和本月发生的生产费用见表 6-9、表 6-10 和表 6-11，请计算本月完工产品和月末在产品成本，并编制产品成本计算单。

表 6-9　甲产品定额资料

项　　目	完工产品	月末在产品
单位定额材料成本	60	30
单位定额工时	30	10
数量(件)	400	120

表 6-10　产品成本计算单

项　　目	直接材料	直接人工	制造费用	合计
月初在产品成本	3 000	1 000	1 000	
本月发生费用	14 940	7 844	2 960	
生产费用累计				
完工产品成本				
月末在产品成本				

【解析】

直接材料分配率 $=\dfrac{3\ 000+14\ 940}{24\ 000+3\ 600}=0.65$

完工产品直接材料 $=24\ 000\times0.65=15\ 600$（元）

月末在产品直接材料 $=3\ 600\times0.65=2\ 340$（元）

直接人工分配率 $=\dfrac{1\ 000+7\ 844}{12\ 000+1\ 200}=0.67$

完工产品直接人工 $=12\ 000\times0.67=8\ 040$（元）

月末在产品直接人工 $=1\ 200\times0.67=804$（元）

制造费用分配率 $=\dfrac{1\ 000+2\ 960}{12\ 000+1\ 200}=0.3$

完工产品制造费用 $=12\ 000\times0.3=3\ 600$（元）

月末在产制造费用 $=1\ 200\times0.3=360$（元）

表 6-11　产品成本计算单

项　　目	直接材料	直接人工	制造费用	合计
月初在产品成本	3 000	1 000	1 000	5 000
本月发生费用	14 940	7 844	2 960	25 744
生产费用累计	17 940	8 844	3 960	30 744
完工产品成本	15 600	8 040	3 600	27 240
月末在产品成本	2 340	804	360	3 504

这种方法适用于各项消耗定额或费用定额比较准确、稳定，但各月末在产品数量变化较大的企业。

七、在产品按完工产品成本计算法

在产品按完工产品成本计算法是将在产品视同完工产品，直接按照完工产品和在产品的数量分配生产费用的一种方法。

$$某成本项目分配率=\frac{月初在产品该项目成本+本月该项目发生的生产费用}{完工产品数量+月末在产品数量}$$

完工产品某项目成本 = 完工产品数量×该项目的分配率

月末在产品某项目成本 = 月末在产品数量×该项目的分配率

本月完工产品总成本 = 完工产品各项目成本之和

月末在产品总成本 = 月末在产品各项目成本之和

【例 6】百合公司在产品按照完工产品成本计算，本月甲产品完工 400 件，月末在产品合计 120 件，月初在产品成本和本月发生的生产费用见表 6-12、表 6-13，请计算本月完工产品和月末在产品成本，并编制产品成本计算单。

表 6-12 产品成本计算单

项 目	直接材料	直接人工	制造费用	合计
月初在产品成本	3 000	1 000	1 000	5 000
本月发生费用	14 940	7 840	2 952	25 732
生产费用累计				
完工产品成本				
月末在产品成本				

【解析】

直接材料分配率 $=\dfrac{3\ 000+14\ 940}{400+120}=34.5$

完工产品直接材料 = 400×34.5 = 13 800(元)

月末在产品直接材料 = 120×34.5 = 4 140(元)

直接人工分配率 $=\dfrac{1\ 000+7\ 840}{400+120}=17$

完工产品直接人工 = 400×17 = 6 800(元)

月末在产品直接人工 = 120×17 = 2 040(元)

制造费用分配率 $=\dfrac{1\ 000+2\ 952}{400+120}=7.6$

完工产品制造费用 = 400×7.6 = 3 040(元)

月末在产品制造费用 = 120×7.6 = 912(元)

本月完工产品总成本 = 13 800+6 800+3 040 = 23 640(元)

月末在产品总成本 = 4 140+2 040+912 = 7 092(元)

表 6-13 产品成本计算单

项 目	直接材料	直接人工	制造费用	合计
月初在产品成本	3 000	1 000	1 000	5 000
本月发生费用	14 940	7 840	2 952	25 732
生产费用累计	17 940	8 840	3 952	30 732
完工产品成本	13 800	6 800	3 040	23 640
月末在产品成本	4 140	2 040	912	7 092

巩固与提高

1.(单项选择题)(　　)是指将月末实际结存的在产品数量按其完工程度或投料程度折算为相当于完工产品的数量。

A. 约当产量　　B. 约当产量法　　C. 完工产品数量　　D. 在产品数量

2.(填空题)某车间 B 产品单位工时定额为 50 小时，经三道工序加工而成。其中，第一工序 20 小时，第二工序 10 小时，第三工序 20 小时。则处于第一工序在产品的完工程度为______________。

3.（单项选择题）C 产品经 3 道工序加工完成，单位完工产品工时定额 180 小时，各工序单位工时定额如下：第一工序 80 小时，第二工序 56 小时，第三工序 44 小时。在产品数量为 200 件，其中，第一工序 60 件，第二工序 60 件，第三工序 80 件。则第二道工序在产品的约当产量为(　　)。

A. 31 件　　B. 32 件　　C. 92 件　　D. 168 件

4.（计算题）D 产品的生产分两道工序进行，原材料于生产开始时一次投入，工时定额：第一道工序 30 小时，第二道工序 30 小时，每道工序按本道工序工时定额的 50%计算；本月完工产品 300 件，月末在产品数量：第一道工序 100 件，第二道工序 200 件。期初在产品直接材料 18 000 元，工资及福利费 12 200 元，制造费用 1 150 元，本月发生直接材料 57 600 元，工资及福利费共计 20 100 元，制造费用 5 500 元。

【要求】

计算完工产品和月末在产品的成本。

第七章　产品成本计算的基本方法——品种法

学习目标

1. 了解工业企业的生产类型。
2. 理解生产工艺过程和管理要求对成本计算的影响。
3. 掌握品种法的成本计算程序。
4. 能够运用品种法进行工业企业成本的计算。

第一节　产品成本计算方法概述

相关知识

不同企业的生产类型各不相同，对成本管理的要求也不尽相同，企业应该根据生产类型和管理要求选择适合企业的成本计算方法。本书以工业企业为例。

一、工业企业的生产类型

工业企业的生产根据生产组织特点可以分为大量生产、成批生产和单件生产三种类型。

大量生产是指不断地重复生产相同产品的生产，如电力、面粉、化肥的生产。

成批生产是指按照事先规定的产品批别和数量进行的生产。分为大批生产和小批生产。大批生产是指在一定时期内不断重复生产一种或若干种产品，产品批量大。小批生产产品批量小，一批产品一般可以同时完工。

单件生产是指根据购买单位的订单所提出的特定规格和数量进行的产品生产，如重型机械制造和船舶工业等

二、工业企业的生产工艺过程和管理要求

工业企业的生产按照工艺过程划分，可以分为单步骤生产和多步骤生产两种类型。

单步骤生产是指生产工艺不能间断的生产，或者由于工作地点限制不便于分散在几个不同地点进行的生产，如采煤、自来水的生产、发电等。

多步骤生产是指生产过程在工艺上可以间断，可以分散不同时间、不同地点的产品生产，如纺织、钢铁、机械、造纸等。

三、产品成本计算的方法

生产类型主要影响的是企业成本对象的确定，成本对象是指计算产品成本的过程中，确定归集与分配生产费用的承担客体。为了正确计算产品成本，首先就是要确定成本计算对象，分别设置产品成本明细账，来归集各个对象应承担的生产费用。正确确定成本对象，是保证成本核算质量的关键问题。

结合企业的生产类型、生产工艺过程和管理要求，可以确定三种不同的成本对象，分别对应三种不同的产品成本计算方法：

成本对象	生产类型	产品成本计算方法	生产工艺过程和管理要求
品种	大量大批生产	品种法	单步骤生产或管理上不要求分步骤计算成本的多步骤生产
批别	小批单件生产	分批法	单步骤生产或管理上不要求分步骤计算成本的多步骤生产
生产步骤	大量大批生产	分步法	管理上要求分步骤计算成本的多步骤生产

这三种是计算产品成本的基本方法，除上述三种方法以外，还有定额法、分类法等成本计算方法。

巩固与提高

1. (多项选择题)工业企业的生产按照工艺过程划分，可以分为(　　)。

A. 单步骤生产　　B. 多步骤生产

C. 大量生产　　D. 成批生产

2. (多项选择题)下列属于品种法的特点有(　　)。

A. 按月计算产品成本　　B. 不需要计算月末在产品成本

C. 成本计算期与生产周期基本一致　　D. 以产品品种作为成本计算对象

3. (判断题)产品成本计算的品种法只适用于单步骤生产的企业或车间。(　　)

第二节　品种法

一、品种法的概念及适用范围

品种法是以产品的品种为成本计算对象，归集费用、计算产品成本的一种方法。

品种法适用于大量大批单步骤生产类型的企业，例如发电、采掘等企业。在这种类型的企业中，产品生产的工艺流程不能间断，没有必要划分生产步骤计算产品成本，以产品品种作为成本计算对象。

二、品种法的特点

1. 以产品品种作为成本计算对象

品种法仅以产品品种作为成本计算对象，需要为每一个品种的产品设置产品成本计算单。对于几种产品共同耗用的费用，应采用适当的分配方法，在各种产品之间直接进行分配，或者归集汇总为制造费用后再分配，计入各产品成本计算单中的相关成本项目中。

2. 定期进行成本计算

成本计算与会计报告期一致，而与产品生产周期不一致。

3. 月末在产品成本的计算

月末计算在产品成本时，如果没有在产品，或者在产品数量很少，占用的生产费用数额不大，可以不计算在产品成本。如果月末有在产品，而且数量较多，占用的生产费用数额也较大，就需要将生产成本要在完工产品和月末在产品之间采用适当的方法进行分配，以便计算出完工产品成本和月末在产品成本。

三、品种法的成本计算程序

成本计算程序是指对产品生产过程中所发生的各项费用，进行归集和分配，计算完工产品成本和月末在产品成本的过程。

品种法的成本计算程序可以分为以下三个步骤：

1. 按产品品种设置基本生产成本明细账，按成本项目设置专栏，归集成本对象发生的生产费用，计算产品成本。上月末在产品成本计入明细账期初在产品成本。

2. 归集和分配生产费用

编制各种要素费用分配表，归集和分配生产过程中发生的各项要素费用，将各项耗费分别按照产品品种计入各成本明细账中有关成本项目中。属于为产品生产直接耗用的直接成本直接计入相关成本项目，间接成本先按照发生额计入“制造费用”账户，月末再按照适当的方法分配计入产品成本项目。

3. 计算结转完工产品成本

经过前两个程序，期初和本期发生的各项费用都已经归集，选择适当的方法将各成本费用在完工产品和期末在产品之间进行分配，计算出完工产品成本和期末在产品成本。

【例 1】百合公司设有一个基本生产车间，生产 A、B 两种产品，原材料于生产开工时一次投入，采用品种法计算产品成本，另设一个供电车间和一个机修车间为其提供服务。2021 年 4 份有关费用、成本计算资料汇总如下：

（1）期初在产品成本及相关资料见表 7–1。

（2）本月投产 A 产品 1 000 件，B 产品 3 000 件，发生的各项要素费用见表 7–2。

（3）各辅助生产车间发生的生产费用和提供产品、劳务的情况见表 7–2。

（4）A 产品月末在产品 310 件，在产品平均完工程度 50%。B 产品月末在产品 600 件，在产品平均完工程度 50%，采用约当产量法计算完工产品和月末在产品成本。

表 7–1　月初在产品成本　　金额单位：元

项目	直接材料	直接人工	制造费用	合计
A 产品	10 000	8 425	1 945	20 370
B 产品	18 000	5 700	2 490	26 190

表 7-2　要素费用汇总表

金额单位：元

成本项目	原材料	人工	折旧费
A 产品	42 400	32 000	
B 产品	95 400	24 000	
基本生产车间一般耗用	1 000	12 000	6 400

【解析】

1. 设置成本明细账

按照产品品种开设基本生产成本明细账，登记月初在产品成本。

2. 归集和分配生产费用

① 归集和分配材料费用：

表 7-3　材料成本费用汇总表

2021 年 4 月 30 日

金额单位：元

应借科目			金额
总账科目	明细科目	成本费用项目	
基本生产成本	A 产品	直接材料	42 400
基本生产成本	B 产品	直接材料	95 400
应借科目			金额
总账科目	明细科目	成本费用项目	
制造费用	基本生产车间	机物料消耗	1 000

② 归集和分配职工薪酬：

表 7-4　应付职工薪酬汇总表

2021 年 4 月 30 日

金额单位：元

应借科目	明细科目	生产工人			工资
		实际工时	分配率	应分配费用	
基本生产成本	A 产品	8 000		32 000	
	B 产品	6 000		24 000	
	小计	14 000	4.0	56 000	
制造费用	基本生产车间				12 000
合计				56 000	12 000

③ 归集和分配折旧费用：

表 7-5　折旧费用分配表

2021 年 4 月 30 日

金额单位：元

费用种类	应借科目		应贷金额
	总账科目	明细科目	
折旧费	制造费用	基本生产车间	6 400
合计			6 400

④ 归集和分配辅助生产费用：

表 7-6 辅助生产费用分配表

金额单位：元

		供电车间			机修车间		
		本月供电（度）	分配率	本月分配费用	本月修理（工时）	分配率	本月分配费用
辅助生产车间	供电车间				400		
	机修车间	2 000					
基本生产车间	A 产品	12 000		(3 600)			
	B 产品	15 000		(4 500)			
	一般耗用	12 000		(3 600)	4 000		(12 000)
合计		41 000	(0.3)	11 700	4 400	(3.0)	12 000

⑤ 归集和分配制造费用：

表 7-7 制造费用明细账

生产车间：基本生产车间　　2021 年 4 月 30 日　　金额单位：元

2021 年		凭证号数	摘要	原材料	人工薪酬	折旧费	电费	机修费用	合计
月	日								
4	10		支付工资		12 000				12 000
	20		计提折旧			6 400			6 400
	22		领用材料	1 000					1 000
	30		分配电费				3 600		3 600
	30		分配机修费					12 000	12 000
			本月合计	1 000	12 000	6 400	3 600	12 000	35 000

表 7-8 制造费用分配表

金额单位：元

成本计算对象	分配标准(生产工时)	分配率	分配金额
A 产品	8 000		(20 000)
B 产品	6 000		(15 000)
合计	14 000	(2.5)	(35 000)

3. 计算完工产品和在产品成本

A 产品成本成本计算：

① 直接材料分配：

月末在产品约当产量＝310×100%＝310(件)

$$单位成本=\frac{10\ 000+42\ 400}{1\ 000+310}=40(元)$$

完工产品成本＝1 000×40＝40 000(元)

月末在产品成本＝310×40＝12 400(元)

② 直接人工分配：

月末在产品约当产量＝310×50%＝155(件)

单位成本 $=\dfrac{8\ 425+32\ 000}{1\ 000+155}=35$（元）

完工产品成本 $=1\ 000\times35=35\ 000$（元）

月末在产品成本 $=155\times35=5\ 425$（元）

③ 制造费用分配：

月末在产品约当产量 $=310\times50\%=155$（件）

单位成本 $=\dfrac{1\ 945+20\ 000}{1\ 000+155}=19$（元）

完工产品成本 $=1\ 000\times19=19\ 000$（元）

月末在产品成本 $=155\times19=2\ 945$（元）

A 产品完工成本 $=40\ 000+35\ 000+19\ 000=94\ 000$（元）

A 产品月末在产品总成本 $=12\ 400+5\ 425+2\ 945=20\ 770$（元）

表 7-9 基本生产成本明细账

2021 年 4 月 30 日　　金额单位：元

生产车间：基本生产车间　　产品名称：A 产品

2021 年		凭证号数	摘要	直接材料	直接人工	制造费用	合计
月	日						
4	1		月初在产品成本	10 000	8 425	1 945	20 370
	30		分配材料成本	42 400			42 400
	30		分配职工薪酬		32 000		32 000
	30		分配制造费用			20 000	20 000
	30		生产成本累计	52 400	40 425	21 945	114 770
	30		完工产品成本	40 000	35 000	19 000	94 000
	30		月末在产品成本	12 400	5 425	2 945	20 770

B 产品成本成本计算：

① 直接材料分配：

月末在产品约当产量 $=600\times100\%=600$（件）

单位成本 $=\dfrac{18\ 000+95\ 400}{3\ 000+600}=31.5$（元）

完工产品成本 $=3\ 000\times31.5=94\ 500$（元）

月末在产品成本 $=600\times31.5=18\ 900$（元）

② 直接人工分配：

月末在产品约当产量 $=600\times50\%=300$（件）

单位成本 $=\dfrac{5\ 700+24\ 000}{3\ 000+300}=9$（元）

完工产品成本 $=3\ 000\times9=27\ 000$（元）

月末在产品成本 $=300\times9=2\ 700$（元）

③ 制造费用分配：

月末在产品约当产量＝310×50%＝155（件）

$$单位成本=\frac{2\ 490+15\ 000}{3\ 000+300}=5.3（元）$$

完工产品成本＝3 000×5.3＝15 900（元）

月末在产品成本＝300×5.3＝1 590（元）

B 产品完工成本＝40 000+35 000+19 000＝94 000（元）

B 产品月末在产品总成本＝12 400+5 425+2 945＝20 770（元）

表 7-10　基本生产成本明细账

2021 年 4 月 30 日　　金额单位：元

生产车间：基本生产车间　　产品名称：B 产品

2021 年		凭证号数	摘要	直接材料	直接人工	制造费用	合计
月	日						
4	1		月初在产品成本	18 000	5 700	2 490	26 190
	30		分配材料成本	95400			95400
	30		分配职工薪酬		24000		24000
	30		分配制造费用			15 000	15 000
	30		生产成本累计	113 400	29 700	17 490	160 590
	30		完工产品成本	94 500	27 000	15 900	137 400
	30		月末在产品成本	18 900	2 700	1 590	23 190

巩固与提高

1.（计算题）某企业设有一个基本生产车间，大量生产甲乙两种产品。另设有一个辅助生产车间，辅助生产车间的制造费用通过“制造费用”进行归集。

2021 年 6 月份生产情况如下：

（1）甲产品直接领用原材料 24 000 元，乙产品直接领用原材料 40 000 元，基本生产车间直接耗用材料 35 000 元，辅助生产车间耗用材料 6 400 元。

（2）基本生产车间工人工资 64 980 元，基本生产车间管理人员工资 29 000 元，辅助生产车间人员工资 12 000 元。

（3）按上述工资的 14%计提职工福利。

（4）基本生产车间计提折旧费用 2 000 元，办公费 3 500 元，水电费 1 800 元，设备维修费 2 080 元。

（5）辅助生产车间计提折旧 2 200 元，办公费 1 000 元，水电费 650.4 元。

（6）基本生产车间工人工资及制造费用均按产品生产工时比例分配，甲产品生产工时 3 200工时，乙产品生产工时 2 800 工时。

（7）辅助生产成本采用直接分配法进行分配，其提供劳务共 1 300 小时，其中甲产品 330 小时，基本生产车间 600 小时，其余为企业管理部门耗用。

假设原材料都在生产开始时一次投入。甲产品采用定额成本法确定完工产品和月末在产品的成本，单位产品原材料定额成本为120元，定额工时为50小时，其中直接人工3元/小时，制造费用2元/小时。

【要求】

（1）计算辅助生产成本的分配率；

（2）计算基本生产车间制造费用的分配率；

（3）完成甲产品的成本计算单。

产品成本计算单

完工数量：470件

月末在产品数量：130件

产品名称：甲产品　　2021年6月　　在产品完工程度：80%

项　目	直接材料	直接人工	制造费用	合计
月初在产品成本	780.06	116.16	108	1 004.22
本月生产费用				—
完工产品成本				—
月末在产品成本				—

第八章　产品成本计算的基本方法——分批法

学习目标

1. 理解分批法的特点和适用范围。
2. 掌握分批法的计算程序。
3. 熟练运用分批法计算产品成本。

第一节　分批法概述

相关知识

一、分批法的概念及分类

分批法是以产品的批别作为成本计算对象来归集生产费用、计算产品成本的一种方法。实际工作中，在小批单件生产的企业中，企业的生产活动基本是根据订货单位的订单来组织生产的，按产品批别计算产品成本，往往与按订单计算产品成本相一致，因而分批法也叫订单法。

分批法按其采用的间接计入费用的分配方法不同，有一般分批法和简化分批法两种。

（一）一般分批法

采用当月分配率来分配间接计入费用的分批法称为一般的分批法，也就是有分批计算在产品成本的分批法。当投产批别多数完工的情况，或各月费用发生不均衡的情况，应采用一般分批法。其主要特点是分配间接费用时，不论各批次或各订单产品是否完工，都要按当月分配率分配其应负担的间接费用。

（二）简化分批法

采用累计分配率来分配间接计入费用的分批法称为简化的分批法，也称不分批计算在产品成本的分批法，是一般的分批法的简化形式。当投产批别多数没有完工的情况，或各月费用发生变化不大的情况，应采用简化分批法。其主要特点是各批全部产品的在产品成本，只分成本项目的总数登记在专设的基本生产成本二级账中。

（三）一般分批法与简化的分批法的区别

1. 适用范围不同

在投产批数不多，或投产批数较多但在期末大部分批次都能完工的情况下，适合采用一般分批法；而在有些单件小批生产的企业或车间中，适宜采用简化分批法。

2. 账户设置及其记录不同

一般分批法下，进行成本核算时，应按各批次产品设置产品成本明细账，各批次产品成本明细账中记录该批次产品生产所发生的全部费用，包括直接计入费用和间接计入费用，至期末，该批次如有完工产品，则还应在产品成本明细账中分配费用，计算出该批次产品的完工产品成本和期末在产品成本。简化分批法下，进行初步核算时，除了按各批次产品设置产品成本明细账外，还应设置基本生产成本二级账。在产品成本明细账中，记录该批次产品生产所发生的直接计入费用和所耗生产工时，当该批次有完工产品出现时，还记录该批次完工产品的成本。基本生产成本二级账记录全部批次产品生产所发生的各项费用及所耗生产工时，并记录各批次完工产品的总成本和单位成本、各批次期末在产品成本。

3. 间接计入费用的处理不同

间接计入费用是指几种或几批次产品共同耗用的，需经过分配才能计入各种或各批次产品成本的费用。一般分批法与简化分批法的最大区别就在于对间接计入费用的处理不同。

二、分批法的特点

1. 分批法是按产品的批别作为成本计算对象

在分批法下，产品的品种和每批产品的数量通常是根据用户的订单确定，各份订单对产品的规格、质量、交货期有不同的要求，因此企业必须按订单要求分批组织生产，核算成本。因此，分批法也称订单法。如果一张订单中有几种产品，为便于管理和核算各种产品成本，要按产品品种划分批别。如果订单中一批产品数量较大且要求分批交货，可分为若干批组织生产，如果不同客户的订单有相同产品，交货期也相近，可合为一批组织生产并核算成本。

2. 分批法的成本计算期是不定期的

采用分批法计算产品成本的企业，虽然各批产品的成本计算单仍按月归集生产费用，但是只有在该批产品全部完工时才能计算其实际成本。由于各批产品的生产复杂程度不同、质量数量要求也不同，生产周期就各不相同。有的批次当月投产，当月完工；有的批次要经过数月甚至数年才能完工。可见完工产品的成本计算因各批次的生产周期而异，是不定期的，其成本计算期与各批(订单)产品的生产周期一致，与会计报告期不一致。

3. 分批法一般不需要计算在产品成本

在单件或小批生产，购货单位要求一次交货的情况下，每批产品要求同时完工。这样该批产品完工前的成本明细账上所归集的生产费用，即为在产品成本；完工后的成本明细账上所归集的生产费用，即为完工产品成本。因此在通常情况下，生产费用不需要在完工产品和在产品之间分配。但是如果产品批量较大、购货单位要求分次交货时，就会出现批内产品跨月陆续完工的情况，这种情况下应采用适当的方法将生产费用在完工产品和月末在产品之间分配。采用的分配方法视批内产品跨月陆续完工的数量占批量的比重大小多少而定。

三、分批法的适用范围

分批法是按照产品的批别归集生产费用，计算产品成本的一种方法。主要适用于单件和小批的多步骤生产类型的企业。如重型机床、船舶、精密仪器和专用设备等。主要包括：

① 单件、小批生产的重型机械、船舶、精密工具、仪器等制造企业。

② 不断更新产品种类的时装等制造企业。

③ 新产品的试制、机器设备的修理作业以及辅助生产的工具、器具、模具的制造等。

巩固与提高

1. (判断题) 简化分批法适用于各月间接费用相差不多，但投产批数较多的企业。(　)

2. (判断题) 分批法下，产品成本的计算是与生产任务通知单的签发和结束紧密结合的，因此产品成本计算是不定期的。(　　)

3. (单项选择题) 分批法成本核算的对象是(　　)。

A. 产品品种　　B. 产品批别　　C. 生产步骤　　D. 产品产量

4. (单项选择题) 分批法的最主要特点是(　　)。

A. 成本计算期与核算报告期一致

B. 必须设置基本生产成本二级账

C. 以产品的批别为成本计算对象

D. 月末必须在完工产品和在产品之间分配费用

5. (多项选择题) 产品成本计算的分批法适用于(　　)。

A. 单件小批生产

B. 大量大批多步骤生产

C. 大量大批单步骤生产

D. 一般企业中的新产品试制或实验的生产、在建工程以及设备修理作业等

6. (多项选择题) 下列各项中，关于产品成本计算分批法的表述正确的有(　　)。

A. 一般不需在完工成品和在产品之间分配成本

B. 需要计算和结转各步骤产品的生产成本

C. 成本计算期与产品生产周期基本一致

D. 以产品的批别作为成本核算对象

第二节　分批法的成本计算程序

一、一般分批法的成本计算程序

① 按产品批别或订单设置产品基本成本明细账、辅助生产成本明细账，按成本项目设置专栏。

② 根据各生产费用的原始凭证或原始凭证汇总表和其他有关资料，编制各种要素费用分配表，并将各项生产耗费分产品批别或订单计入个成本项目。

对于直接计入费用，应按产品批别列示并直接计入各个批别的产品成本明细账；对于间接计入费用，应按生产地点归集，并按适当的方法分配计入各个批别的产品成本明细账。

③ 月末根据完工批别产品的完工通知单，将计入已完工的该批产品的成本明细账所归集的生产费用，按成本项目加以汇总，计算出该批完工产品的总成本和单位成本，并转账。

如果出现批内产品跨月陆续完工并已销售或提货的情况，这时应采用适当的方法将生产费用在完工产品和月末在产品之间分配，计算出该批已完工产品的总成本和单位成本。

【例 1】丰海公司属小批单件多步骤生产企业，按购货单位要求小批生产甲、乙、丙三种产品，产品成本计算采用分批法。该企业 9 月份的有关成本计算资料如下：

1. 各生产批别产量、费用资料

（1）101 甲产品 50 件，7 月份投产，9 月全部完工，7 月和 8 月累计费用为：直接材料 40 000 元，直接人工 10 000 元，制造费用 12 000 元。本月发生费用：直接人工 4 000 元，制造费用 5 000 元。

（2）102 乙产品 100 件，8 月份投产，本月完工 60 件，未完工 40 件，8 月份发生生产费用为：直接材料 60 000 元，直接人工 15 000 元，制造费用 13 000 元。本月发生费用：直接人工 7 000 元，制造费用 6 000 元。

（3）103 丙产品 7 件，本月份投产，尚未完工，本月发生生产费用为：直接材料 40 000 元，工资福利费 6 600 元，制造费用 5 800 元。

2. 其他资料

（1）三种产品的原材料均在生产开始时一次投入。

（2）102 乙产品本月完工产品数量在批内所占比重较大（60%），根据生产费用发生情况，其原材料费用按照完工产品和在产品的实际数量比例分配外，其他费用采用约当产量比例法在完工产品和月末在产品之间进行分配，在产品完工程度为 50%。

【解析】

1. 101 产品成本计算

101 产品，本月全部完工，7、8、9 三个月份累计生产费用全部为完工产品成本，除以完工产品数量，为完工产品单位成本。

表 8-1　101 产品成本计算单

批号：101　产品名称：甲　　　　投产日期：7 月份

批量：50 件　　　　完工时期：9 月份

月	日	摘要	直接材料	直接人工	制造费用	合计
9	1	月初在产品成本	40 000	10 000	12 000	62 000
	30	工资福利费用分配表		4 000		4 000
	30	制造费用分配表			5 000	5 000
	30	生产费用合计	40 000	14 000	17 000	71 000
	30	完工产品成本	40 000	14 000	17 000	71 000
	30	完工产品单位成本	800	280	340	1 420

会计分录：

借：库存商品　　　　71 000

贷：基本生产成本——甲产品　　　　71 000

2. 102 产品成本计算

102 本月完工 60 件，尚有 40 件未完工，属于是跨月陆续完工，且完工产品数量在批内所占比重较大，生产费用应在完工产品和月末在产品之间进行分配。因原材料一次投入，完工产品和在产品负担的原材料费用相同，按产品数量分配。其余按约当产量比例分配。

(1) 约当产量=完工产品数量+在产品约当产量

直接材料项目的约当产量=60+40×100%=100

直接人工项目约当产量=60+40×50%=80

制造费用项目约当产量=60+40×50%=80

(2) 完工产品单位成本=生产费用合计÷约当总产量

直接材料项目单位成本=60 000÷100=600(元)

直接人工项目单位成本=22 000÷80=275(元)

制造费用项目单位成本=19 000÷80=237.5(元)

(3) 完工产品总成本=完工产品数量×完工产品单位成本

直接材料项目=600×60=36 000(元)

直接人工项目=275×60=16 500(元)

制造费用项目=237.5×60=14 250(元)

(4) 月末在产品成本=生产费用合计-完工产品总成本

直接材料项目=60 000-36 000=24 000(元)

直接人工项目=22 000-16 500=5 500(元)

制造费用项目=19 000-14 250=4 750(元)

表 8-2 102 产品成本计算单

批号：102　　　　产品名称：乙　　　　投产日期：8 月份

批量：100 件　　　　完工时期：9 月完工 60 件

月	日	摘要	直接材料	直接人工	制造费用	合计
9	1	月初在产品成本	60 000	15 000	13 000	88 000
	30	工资福利费用分配表		7 000		7 000
	30	制造费用分配表			6 000	6 000
	30	生产费用合计	60 000	22 000	19 000	101 000
	30	约当总产量	100	80	80	
	30	完工产品单位成本	600	275	237.50	1 112.50
	30	完工产品成本	36 000	16 500	14 250	66 750
	30	月末在产品成本	24 000	5 500	4 750	34 250

会计分录：

借：库存商品　　66 750

贷：基本生产成本——乙产品　　66 750

3. 103 产品成本计算

103 产品本月未完工，发生的费用均为在产品成本。

表 8-3 产品成本计算单

批号：103　　产品名称：丙　　投产日期：9 月份

批量：7 件　　完工时期：

月	日	摘要	直接材料	直接人工	制造费用	合计
9	1	月初在产品成本	40 000			40 000
	30	工资福利费用分配表		6 600		6 600
	30	制造费用分配表			5 800	5 800
	30	生产费用合计	40 000	6 600	5 800	52 400

二、简化分批法的成本计算程序

① 按产品批别设置产品成本明细账，但在这种产品成本明细账当中只登记直接计入的费用和发生的生产工时。

② 设置并登记基本生产成本二级账，在基本生产二级账中登记全部各批产品发生的生产总工时、直接计入的费用、间接计入的费用等资料。

③ 如果某批号有完工产品时，应分成本项目的计算间接费用的累计分配率。

$$某项累计间接费用分配率=\frac{该项间接费用月初余额+该项间接费用本期发生额}{月初在产初在产品生+本期发期发生生产}$$

④ 月末计算各完工批别产品的成本，分成本项目计算完工批别产品应分配的间接费用，并计入完工批别产品成本计算单中。

某批完工产品应负担的某项间接费用 = 该批产品累计生产工时×某项累计间接费用分配率

间接计入费用在各批产品之间的分配以及在各批产品的完工产品与在产品之间的分配，是在有完工产品时，利用一个累计间接费用分配率同时完成的，这样就大大简化了费用的分配和登记工作，月末未完工产品是批数越多，核算工作就越简单。

但这种方法也有缺点：一是在各批未完工产品的成本明细账中，不能完整地反映各批在产品成本；二是如果各月的间接费用相差较大时，会影响各月产品的成本的正确性。因此，这种方法的适用范围是各月间接费用相差不多，但投产批数较多的企业。

【例 2】某厂属于小批生产，采用简化的分批法计算成本。3 月份生产情况如下：

（1）月初在产品成本，106 批号：直接材料 37 500 元；107 批号，直接材料 22 000 元；108 批号，直接材料 16 000 元．月初直接人工 17 250 元，制造费用 23 500 元。

（2）月初在产品耗用累计工时：106 批号 1 800 小时；107 批号 590 小时；108 批号 960 小时。

（3）本月的生产情况、发生的工时和直接材料如表 8-4 所示。

表 8-4

产品名称	批号	批量(件)	投产日期	完工日期	本月发生工时(小时)	本月发生直接材料(元)
甲	106	10	1 月	3 月	500	450
乙	107	5	2 月	3 月	800	400
丙	108	4	2 月		1 500	400

(4) 本月发生的各项间接费用为：直接人工 1 450 元，制造费用 4 550 元。

[要求]根据上述资料，登记基本生产成本二级账和产品成本明细账，计算完工产品成本。

【解析】成本计算过程

表 8-5 基本生产成本二级账

2021 年		摘要	直接材料	工时	直接人工	制造费用	合计
月	日						
3	1	累计发生	75 500	1 875	17 250	23 500	116 250
3	31	本月发生	1 250	2 800	1 450	4 550	7 250
		累计发生数	76 750	4 675	18 700	28 050	123 500
		累计间接费用分配率			4	6	
		本月完工产品成本转出	60 350	2 475	10 300	15 450	86 100
		月末在产品	16 400	2 100	8 400	12 600	37 400

表 8-6 产品成本明细账

批号：106　　投产日期：1 月　　产量：10 件

产品名称：甲　　完工日期：3 月

2021 年		摘要	直接材料	工时	直接人工	制造费用	合计
月	日						
3	1	累计发生	37 500	875			
3	31	本月发生	450	500			
		累计发生数	37 950	1 375			
		累计间接费用分配率			4	6	
		完工产品应负担的间接费用			5 500	8 250	13 750
		本月完工产品成本转出	37 950	1 375	5 500	8 250	51 700
		月末在产品	3 795		550	825	5 170

表 8-7 产品成本明细账

批号：107　　投产日期：2 月　　产量：5 件

产品名称：乙　　完工日期：3 月

2021 年		摘要	直接材料	工时	直接人工	制造费用	合计
月	日						
3	1	累计发生	22 000	400			
3	31	本月发生	400	800			
		累计发生数	22 400	1 200			
		累计间接费用分配率			4	6	
		完工产品应负担的间接费用			4 800	7 200	12 000
		本月完工产品成本转出	22 400	1 200	4 800	7 200	34 400
		单位成本	4 480		960	1440	6 880

表 8–8　产品成本明细账

批号：108　　投产日期：2 月　　产量：4 件

产品名称：丙　　完工日期：

2021 年		摘要	直接材料	工时	直接人工	制造费用	合计
月	日						
3	1	累计发生	16 000	600			
3	31	本月发生	400	1 500			
		累计发生数	16 400	2 100			

(1) 3 月初，根据上月末基本生产成本二级账及各生产成本明细账余额登记期初余额。基本生产成本二级账登记所属明细账的期初直接材料成本合计、尚未分配的间接成本(直接人工成本、制造费用)合计以及生产工时合计，各生产成本明细账登记期初该产品的直接材料成本和生产工时。

(2) 3 月份，发生的直接材料成本经分配后按平行登记方法分别登记基本生产成本二级账和明细账，发生的生产工时也按平行登记方法登记上述账户。发生的间接成本，包括直接人工成和制造费用，不予分配，只登记在基本生产成本二级账中。

(3) 3 月末，结计基本生产成本二级账和明细账的累计成本和累计工时。

(4) 3 月有完工产品，需分配间接成本，首先计算累计成本分配率：

累计直接人工分配率＝18 700÷4 675＝4

累计制造费用分配率＝28 050÷4 675＝6

查阅各生产成本明细账，完工产品生产工时情况如下：

106 批次，全部完工，生产工时累计 1 375 小时；

107 批次，全部完工，生产工时累计 1 200 小时；

108 批次，全部未完工。

据此，本月完工产品生产工时＝1 375+1 200 ＝2 575(小时)。

将计算出的累计间接成本分配率和完工产品应转出工时登记入基本生产成本二级账及各明细账。

(5) 成本结转分配：

① 直接材料成本分配：

106 批直接材料成本全部转出，为 37 950 元。

107 批直接材料成本全部转出，为 22 400 元。

基本生产成本二级账应转出直接材料成本＝37 950 +22 400 ＝60 350(元)

② 直接人工成本分配：

基本生产成本二级账应转出直接人工成本＝2 475×4＝10 300(元)

106 批次产品应转出直接人工成本＝1 375×4＝5 500(元)

106 批次产品应转出直接人工成本＝1 200×4＝4 800(元)

③ 制造费用分配：

基本生产成本二级账应转出制造费用＝2 475×6＝15 450(元)

106批次产品应转出制造费用 = 1 375×6 = 8 250(元)

106批次产品应转出制造费用 = 1 200×6 = 7 200(元)

将上述分配结果登记入基本生产成本二级账及各生产成本明细账，就可以在各生产成本明细账中计算出完工产品成本，在基本生产成本二级账中结算出期末所有批次产品的在产品直接材料成本合计、生产工时合计以及尚未分配的间接成本合计，包括直接人工成本合计和制造费用合计。

(6) 最后，结出各生产成本明细账的余额，将完工产品成本结转库存商品：

借：库存商品——甲产品　　51 700
　　　　　　——乙产品　　34 400
贷：基本生产成本——甲产品　　51 700
　　　　　　　　——乙产品　　34 400

需要注意的是，在运用简化的分批法时，直接人工成本是作为间接成本来处理的。这是因为虽然在理论上直接人工成本是直接成本，但实际上除了计件工资可以直接归属于某种产品不需分配以外，其余工资薪酬的组成部分，如计件工资、奖金、津贴与补贴以及计提的其他薪酬均需要运用一定的方法分配计入直接人工成本项目，而分配的标准通常是产品的生产工时。基于这种情况，在运用简化的分批法时，将直接人工成本也作为间接成本处理，待产品完工时再按生产工时分配计入。这样做一方面是因为分配的效果基本一致，另一方面也减轻了分配的工作量，使核算较为简便。

巩固与提高

1. (判断题) 采用简化分批法计算产品成本时，不必设置基本生产成本二级明细账。(　　)

2. (判断题) 分批法的成本计算程序与品种法基本上相同。(　　)

3. (判断题) 采用累计分配率分配间接成本的处理方法称为简化的分批法。(　　)

4. (单项选择题) 适合精密仪器制造业采用的成本计算方法的是(　　)。

A. 品种法　B. 分批法　C. 逐步结转分步法　D. 平行结转分步法

5. (单项选择题) 简化分批法之所以简化，是因为(　　)。

A. 采用累计的费用分配率分配各种费用

B. 不分批计算在产品成本

C. 产品完工以前不登记产品成本明细账

D. 不计算在产品成本

6. (多项选择题) 下列各项中，能够采用分批法计算产品成本的有(　　)。

A. 造船　B. 冶金　C. 发电　D. 新产品试制

7. (计算题) 某企业采用简化分批法计算各批产品成本，1月份各批产品明细账中有关资料如下：

100批号：1月份投产A产品35件，本月全部完工，累计直接材料费用79 650元，累计耗用工时8 600小时；

110批号：本月投产B产品8件，全部未完工，累计直接材料费用18 025元，累计耗用工时2 645小时；

120批号：1月份投产C产品30件，本月完工20件，累计直接材料费用105 900元，累计耗用13 755小时，原材料在生产开始时一次投入，月末在产品完工程度80%采用约当产量比例法分配所耗工时。

基本生产成本二级账归集的累计资料：直接人工20 0000元，制造费用60 000元。

【要求】

根据以上资料计算累计间接计入分配率，并据以对完工产品分配累计间接计入费用，计算甲产品各批完工产品成本。

第九章　产品成本计算的基本方法——分步法

学习目标

1. 明确分步法的概念和适用范围。
2. 理解分步法的特点。
3. 梳理逐步结转分步法的特点、适用范围、成本计算程序及账务处理过程。
4. 弄清逐步结转分步法下综合结转和分项结转的基本原理。
5. 了解成本还原的目的及基本原理。
6. 归纳平行结转分步法的特点。
7. 明确平行结转分步法的适用范围。
8. 弄清平行结转分步法的成本计算程序及基本原理。
9. 运用分步法归集、分配并计算各步骤产品的成本。
10. 培养学生养成细心严谨、不怕苦不怕累的工匠精神。

第一节　分步法概述

相关知识

一、分步法的概念

产品成本计算的分步法，是按照产品的生产步骤和产品品种归集生产费用、计算产品成本的一种方法。

二、分步法的特点

主要表现在以下四个方面。

① 成本计算对象为产品的生产步骤和产品品种。

② 定期在月末进行成本计算。

③ 需要将生产费用在完工产品与在产品之间进行分配。

④ 各步骤之间存在一个成本结转问题。

三、分步法的适用范围

分步法适用于大量大批的多步骤生产，如纺织、冶金、造纸、大批大量的机器制造等企业。在这些企业中，产品生产可以划分为若干个生产步骤进行。例如，纺织企业生产可分为纺纱、织造等步骤；冶金企业生产可分为炼铁、炼钢、轧钢等步骤；造纸企业生产可分为制浆、调制、抄造、加工、包装等步骤；机器制造企业生产可分为制造、加工、装配等步骤。为了加强成本管理，这些企业往往不仅要求按照产品品种归集生产费用，计算产品成本，而且还要求按照产品生产步骤归集生产费用，计算各步骤产品成本。在实际工作中，根据成本管理对各生产步骤成本资料的不同要求(即是否需要计算半成品成本)，各生产步骤成本的计算和结转可采用逐步结转和平行结转两种方法。

巩固与提高

1. 什么是分步法？

2. 分步法的成本核算对象有何特点？

3. 分步法的适用范围有哪些？

第二节　逐步结转分步法

一、逐步结转分步法的特点和适用范围

逐步结转分步法又称“计算半成品成本法”，是指为了分步骤计算半成品成本而采用的

一种分步法。逐步结转分步法的特点是各步骤的半成品成本要随着半成品实物的转移(物质转移同价值转移一致)而进行结转，以便逐步地计算出各步骤的半成品和最后一个步骤的产品成本。

二、逐步结转分步法的计算程序

该方法的计算程序是：

① 根据记入第一步骤成本计算单上的直接材料、直接工资和制造费用，计算出第一步骤的半成品成本。如果半成品完工后，不通过自制半成品库，直接转入第二生产步骤加工，则应将第一步骤完工的半成品成本转到第二生产步骤相关的产品成本计算单中，并编制借记“基本生产成本——二车间”，贷记“基本生产成本——车间”的会计分录。

如果半成品完工后，需通过半成品库收发，在验收入库时应编制借记“自制半成品——××半成品”，贷记“基本生产成本——一车间”的会计分录。第二生产步骤从自制半成品库领用半成品时，应编制借记“基本生产成本——二车间”，贷记“自制半成品——××半成品”的会计分录，并将其领用自制半成品的成本记入第二生产步骤成本计算单的相应项目内。

② 第二步骤将从第一步骤转入或从自制半成品库领用的半成品成本加上第二步骤加工半成品领用的直接材料、直接工资和制造费用，计算出第二步骤的半成品成本，再按前述方法编制有关会计分录。

③ 第三步骤将从第二步骤转入或从自制半成品库领用的半成品成本计入第三步骤成本计算单的相关项目。这样，按照加工程序，逐步计算和逐步结转半成品成本，在最后一个步骤就可以计算出完工产品的成本。逐步结转分步法的计算程序图见表 9-1、表 9-2。

从表 9-1 和表 9-2 可以看出，采用逐步结转分步法，如果月末既有完工半成品(广义在产品)，又有正在加工中的在产品(狭义在产品)，则前面几个步骤应将其生产费用在广义在产品与狭义在产品之间进行分配，最后步骤应将其生产费用在完工产品与狭义在产品之间进行分配。逐步结转分步法实际上就是品种法的多次连接运用，每一个步骤均在运用品种法。逐步结转分步法按照半成品成本转入下一步骤成本计算单的方式不同，又分为逐步综合结转分步法和逐步分项结转分步法。

表 9-1 逐步结转分步法成本计算程序图

(设自制半成品库)

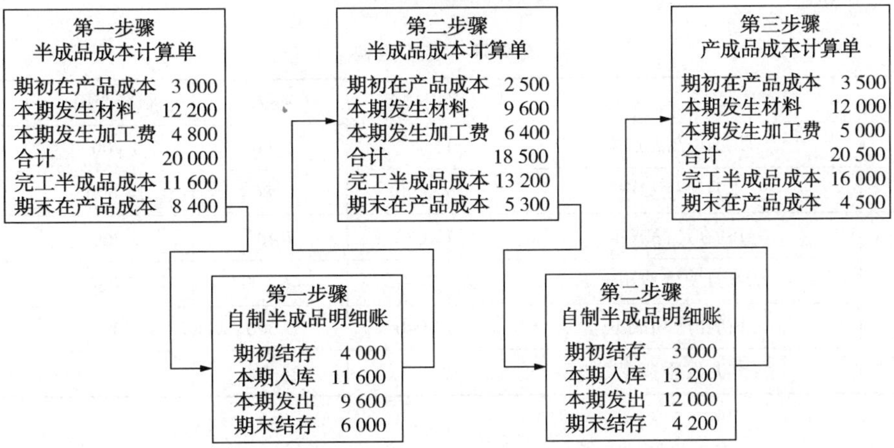

表 9-2 逐步结转分步法成本计算程序图

（不设自制半成品库）

第一步骤
半成品成本计算单

期初在产品成本	3 000
本期发生材料	12 200
本期发生加工费	4 800
合计	20 000
完工半成品成本	11 600
期末在产品成本	8 400

→

第二步骤
半成品成本计算单

期初在产品成本	2 500
本期发生材料	11 600
本期发生加工费	6 400
合计	20 500
完工半成品成本	13 200
期末在产品成本	7 300

→

第三步骤
产成品成本计算单

期初在产品成本	3 500
本期发生材料	13 200
本期发生加工费	5 000
合计	21 700
完工半成品成本	16 000
期末在产品成本	5 700

逐步结转分步法下产品成本计算举例：

（一）分项结转法

采用分项结转法，是将各生产步骤所耗半成品费用，按照成本项目分项结入各该生产步骤产品成本明细账的各个成本项目中。如果半成品通过半成品库收发，那么，在自制半成品明细账中登记半成品成本时，也要按照成本项目分别登记。

【例 1】 某企业有三个基本生产车间，大量生产乙产品，其生产过程是：原材料在第一车间一次性投入，并将原材料加工成 A 半成品；第二车间将 A 半成品加工成 B 半成品；第三车间将 B 半成品加工成乙产品。各车间没有半成品库存。2020 年 6 月各车间的产量记录和成本资料见表 9-3、表 9-4。

（1）产量记录：

表 9-3 产量记录

项 目	计量单位	第一车间	第二车间	第三车间
月初在产品	件	60	160	140
本月投产	件	1 040	980	1 020
本月完工	件	980	1 020	1 060
月末在产品	件	120	120	100
完工程度		60%	50%	40%

（2）成本资料

表 9-4 成本资料

成本项目		直接材料	直接人工	制造费用	合 计
第一车间	月初在产品成本	11 160	1 440	1 700	14 300
	本月发生费用	148 340	23 808	24 600	196 748
第二车间	月初在产品成本	15 080	7 400	9 760	32 240
	本月发生费用		46 600	85 280	131 880
第三车间	月初在产品成本	12 040	5 600	7 000	24 640
	本月发生费用		24 100	24 900	49 000

(3) 企业本月发生生产费用已经归集在各车间基本生产成本明细账上，各车间基本生产成本明细账如下：

表 9-5 第一车间基本生产成本明细账

车间名称：第一车间　　完工产量：980 件

产品名称：A 半成品　　2020 年 6 月　　金额单位：元

项　目	直接材料	直接人工	制造费用	合　计
月初在产品成本	11 160	1 440	1 700	14 300
本月生产费用	148 340	23 808	24 600	196 748
合计	159 500	25 248	26 300	211 048
单位产品成本	145	24	25	194
完工半成品成本	142 100	23 520	24 500	190 120
月末在产品成本	17 400	1 728	1 800	20 928

(4) 第一车间基本生产成本计算为：

直接材料＝159 500÷(980+120)＝145(元)

直接人工＝25 248÷(980+120×60%)＝24(元)

制造费用＝11 210÷(240+120×60%)＝25(元)

表 9-6 第二车间基本生产成本明细账

车间名称：第二车间　　完工产量：1 020 件

产品名称：B 半成品　　2020 年 6 月　　金额单位：元

项　目	直接材料	直接人工	制造费用	合　计
月初在产品成本	15 080	7 400	9 760	32 240
上步骤转入费用	142 100	23 520	24 500	190 120
本月生产费用		46 600	85 280	131 880
合计	157 180	77 520	119 540	354 240
单位产品成本	137. 88	71. 78	110. 69	255. 53
完工半成品成本	140 637. 6	73 215. 6	112 903. 8	326 757
月末在产品成本	16 542. 4	4 304. 4	6 636. 2	27 483

(5) 第二车间基本生产成本计算为：

直接材料＝157 180÷(1 020+120)＝137. 88(元)

直接人工＝77 520÷(1 020+120×50%)＝71. 78(元)

制造费用＝119 540÷(1 020+120×50%)＝110. 69(元)

(6) 第三车间基本生产成本的计算为：

直接材料＝152 677. 6÷(1 060+100)＝131. 62(元)

直接人工 = 102 915.6÷(1 060+100×40%) = 93.56(元)

制造费用 = 144 803.8÷(1 060+100×40%) = 131.64(元)

表 9-7　第三车间基本生产成本明细账

车间名称：第三车间　　　　　　　　　　　　完工产量：1 060 件

产品名称：乙产品　　　　2020 年 6 月　　　　金额单位：元

项　目	直接材料	直接人工	制造费用	合　计
月初在产品成本	12 040	5 600	7 000	24 640
上步骤转入费用	140 637.6	73 215.6	112 903.8	326 757
本月生产费用		24 100	24 900	49 000
合计	152 677.6	102 915.6	144 803.8	400 397
单位产品成本	131.62	93.56	131.64	356.82
完工半成品成本	139 517.2	99 173.6	139 538.4	378 229.2
月末在产品成本	13 160.4	3 742	5 265.4	22 167.8

（二）综合结转法

综合结转法的成本计算程序是：将各步骤耗用的上一步骤半成品成本不分成本项目，综合计入各该步骤的“基本生产成本明细账”的“直接材料”或专设的“自制半成品”项目中。综合结转可以按照半成品的实际成本结转，也可以按照半成品的计划成本或定额成本结转。

【例 2】 某企业 200×年 6 月份生产甲产品，该产品顺序经过第一、二、三加工步骤，第一步骤投入原材料后生产 A 半成品，交第二步骤生产 B 半成品，再交第三步骤加工成甲产成品，原材料在第一步骤开始生产时一次投入，各步骤的加工程度逐步发生，各步骤月末在产品的完工程度均为 50%，该企业采用综合逐步结转分步法计算产品成本，自制半成品通过半成品库收发，发出自制半成品的计价采用加权平均法。

（1）产量资料：

表 9-8　产量资料

项目	月初在产品	本月投入	本月完工	月末在产品
第一步骤	50	300	240	110
第二步骤	30	250	200	80
第三步骤	80	190	250	20

（2）期初在产品成本：

表 9-9　期初在产品成本

项目	直接材料	自制半成品	直接人工	制造费用	合计
第一步骤	3 500		690	1 400	5 590
第二步骤		4 190	430	1 380	6 000
第三步骤		18 250	7 100	3 950	29 300
合计	3 500	22 440	8 220	6 730	40 890

(3) 期初库存：A 半成品月初库存 60 件，实际成本 8 700 元，B 半成品月初无库存。

(4) 本月生产费用：

表 9-10 本月生产费用

项　目	直接材料	直接人工	制造费用	合　计
第一步骤	28 000	5 800	9 810	43 610
第二步骤		10 850	10 620	21 470
第三步骤		21 500	19 450	40 950
合计	28 000	38 150	39 880	10 6030

表 9-11 第一步骤基本生产成本明细账

车间名称：第一步骤　　　　　　　　　　　　　　完工产量：240 件

产品名称：A 半成品　　　　2020 年 6 月　　　　金额单位：元

项　目	直接材料	直接人工	制造费用	合　计
月初在产品成本	3 500	690	1 400	5 590
本月生产费用	28 000	5 800	9 810	43 610
合计	31 500	6 490	11 210	49 200
单位产品成本	90	22	38	150
完工半成品成本	21 600	5 280	9 120	36 000
月末在产品成本	9 900	1 210	2 090	13 200

(5) 第一步骤成本计算：

直接材料 = 31 500÷(240+110) = 90(元)

直接人工 = 6 490÷(240+110×50%) = 22(元)

制造费用 = 11 210÷(240+110×50%) = 38(元)

根据完工入库半成品成本做如下会计分录：

借：自制半成品——A 半成品　　　　　　　　　　36 000

　　贷：生产成本——基本生产成本——A 半成品　　　　36 000

表 9-12 半成品明细分类账

名称：A 半成品　　　　　　　　　　　　　　单位：元

摘要	收　入			发　出			结　存		
	数量/件	单价	金额	数量/件	单价	金额	数量/件	单价	金额
期初余额							60	145	8 700
一车间交库	240	150	36 000						
二车间领用				250	149	37 250	50	149	7 450

表 9-13　第二步骤基本生产成本明细账

车间名称：第二步骤　　　　　　　　　　　　　　　完工产量：200 件
产品名称：B 半成品　　　　　　2020 年 6 月　　　　金额单位：元

项　目	自制半成品	直接人工	制造费用	合　计
月初在产品成本	4 190	430	1 380	6 000
本月生产费用	37 250	10 850	10 620	58 720
合　计	41 440	11 280	12 000	64 720
单位产品成本	148	47	50	245
完工半成品成本	29 600	9 400	1 0000	49 000
月末在产品成本	11 840	1 880	2 000	15 720

（6）第二步骤成本计算：

直接材料 = 41 440÷(200+80) = 148(元)

直接人工 = 11 280÷(200+80×50%) = 47(元)

制造费用 = 12 000÷(200+80×50%) = 50(元)

根据完工入库半成品成本做如下会计分录：

借：自制半成品——B 半成品　　　　49 000

　　贷：生产成本——基本生产本——B 半成品　　　　49 000

表 9-14　半成品明细分类账

名称：B 半成品　　　　　　　　　　　　　　　单位：元

摘要	收　入			发　出			结　存		
	数量/件	单价	金额	数量/件	单价	金额	数量/件	单价	金额
期初余额									
二车间交库	200	245	49 000						
三车间领用				190	245	46 550	10	245	2 450

（7）第三步骤成本计算：

直接材料 = 64 800÷(250+20) = 240(元)

直接人工 = 28 600÷(250+20×50%) = 110(元)

制造费用 = 23 400÷(250+20×50%) = 90(元)

根据完工入库产成品成本做如下会计分录：

借：库存商品——甲产品　　　　110 000

　　贷：生产成本——基本生产本——B 半成品　　　　110 000

表 9-15　第三步骤基本生产成本明细账

产品名称：甲产成品　　　　　　2020 年 6 月　　　　金额单位：元

项　目	自制半成品	直接人工	制造费用	合　计
月初在产品成本	18 250	7 100	3 950	29 300

续表

项　目	自制半成品	直接人工	制造费用	合　计
本月生产费用	46 550	21 500	19 450	87 500
合　计	64 800	28 600	23 400	116 800
单位产品成本	240	110	90	440
完工半成品成本	60 000	27 500	22 500	110 000
月末在产品成本	4 800	1 100	900	6 800

巩固与提高

1. 采用综合结转分步法有哪些优缺点?

2. 逐步分项结转分步法与综合结转分步法有什么区别?

第三节　平行结转分步法

一、平行结转分步法的特点及适用范围

平行结转分步法，也称为不计算半成品成本法，它是各步骤不计算半成品成本，而只归集各步骤本身所发生的费用及各步骤应计入产成品成本的份额，将各步骤应计入产成品成本的份额平行加以汇总，即可计算出完工产品成本的一种方法。这种方法适用于半成品种类较多，但很少对外销售的企业，即不需要提供各步骤半成品成本资料的企业。

该方法成本计算程序的特点如下：

① 各生产步骤只归集本步骤所发生的费用，上一步骤的半成品转入下一步骤继续加工时，虽实物转入，但半成品成本并不予以结转；

② 月末，各步骤将本步骤发生的费用分成应计入产成品成本的份额和月末在产品成本；将各步骤应计入产成品成本的份额平行加以汇总，可计算出产成品的成本。

二、平行结转分步法成本计算程序

① 按每种产品的品种及其所经过的生产步骤设置产品成本计算单归集生产费用。

② 按每种产品和它所经过的生产步骤归集生产费用，计算出每一步骤所发生的生产费用总额

③ 采用一定的方法计算每一生产步骤应计入产成品成本中的份额。

注意：完工产品是指最后步骤完工的产成品；在产品是指广义在产品，不但包括本步骤尚未完工的在产品，而且包括本步骤加工完成转入下一步骤或半成品库尚未制成为产成品的自制半成品；所分配的费用只是本步骤发生的费用，不包括上一步骤转入的半成品的成本。

④ 将各生产步骤中应计入产成品成本中的份额平行地加以汇总，就可以计算出每种产成品的成本。

⑤ 将各步骤产品成本计算单上归集的生产费用，扣除应计入产成品成本中的份额，其余额就是在产品成本。

在实际计算时，要分成本项目来计算它的分配率，按成本项目分配时可采用定额比例法或是约当产量法来计算。

【例 1】 博盈企业生产甲产品，分第一车间和第二车间进行生产，采用平行结转分步法计算产品成本。直接材料于生产开始时一次投入，各步骤月末在产品完工程度均为40%，生产费用在完工产品与在产品之间的分配采用约当产量法。相关资料见下表：

表 9-16 各车间产量记录

项目	第一车间	第二车间
月初在产品(个)	80	20
本月投入(个)	400	440
本月完工(个)	440	400
月末在产品(个)	40	60

表 9-17 第一车间成本计算单

金额单位：元

项目	直接材料	直接人工	制造费用	合计
本月发生费用	8 000	1 800	2 800	12 600
合计	10 800	2 380	3 808	16 988
约当产量	500	40×40%+60+400	40×40%+60+400	
单位成本	21.6	5	8	34.6
计入产成品成本份额	8 640	2 000	3 200	13 840

表 9-18 第二车间成本计算单

金额单位：元

项目	直接材料	直接人工	制造费用	合计
月初在产品成本	—	4 160	1 520	5 680
本月发生费用	—	12 800	11 200	24 000
合计		16 960	12 720	29 680
约当产量		60×40%+400=424	60×40%+400=424	
单位成本		40	30	
计入产成品成本份额	—	16 000	12 000	28 000
月末在产品成本	—	960	720	1 680

表 9-19 产品成本汇总计算表

金额单位：元

项目	直接材料	直接人工	制造费用	合计
第一车间	8 640	2 000	3 200	13 840
第二车间		16 000	12 000	28 000
合计	8 640	18 000	15 200	41 840

【要求】

(1)计算第一车间的约当总产量(按直接材料、直接人工、制造费用分别计算)，并把表 9-17填写完整；

(2)计算第二车间的约当总产量，并把表 9-18 填写完整；

(3)把表 9-19 填写完整，并计算单位产品成本。

【解析】

(1) 第一车间的在产品约当产量计算如下：

直接材料：在产品约当产量=40×100%+60=100(个)

直接人工：在产品约当产量=40×40%+60=76(个)

制造费用：在产品约当产量=40×40%+60=76(个)

由于企业最后完工的产品(400 件)耗用第一车间的完工产品 400 件，因此，计算第一车间的约当总产量时，还应该加上企业最后完工的产品数量 400 件，即：

直接材料：约当总产量=400+100=500(个)

直接人工：约当总产量=400+76=476(个)

制造费用：约当总产量=400+76=476(个)

直接材料：

计入产成品成本份额=(2 800+8 000)/500×400=8 640(元)

月末在产品成本=2 800+8 000-8 640=2 160(元)

或：月末在产品成本=(2 800+8 000)/500×100=2160(元)

直接人工：

计入产成品成本份额=(580+1 800)/476×400=2 000(元)

月末在产品成本=580+1 800-2 000=380(元)

或：月末在产品成本=(580+1 800)/476×76=380(元)

制造费用：

计入产成品成本份额=(1 008+2 800)/476×400=3 200(元)

月末在产品成本=1 008+2 800-3 200=608(元)

或：月末在产品成本=(1 008+2 800)/476×76=608(元)

表 9-20　第一车间成本计算单

金额单位：元

项目	直接材料	直接人工	制造费用	合计
月初在产品成本	2 800	580	1 008	4 388
本月发生费用	8 000	1 800	2 800	12 600
计入产成品成本份额	8 640	2 000	3 200	13 840
月末在产品成本	2 160	380	608	3 148

(2) 第二车间的约当总产量如下：

直接人工：约当总产量=400+60×40%=424(个)

制造费用：约当总产量=400+60×40%=424(个)

直接人工：

计入产成品成本份额=(4 160+12 800)/424×400=16 000(元)

月末在产品成本=4 160+12 800-16 000=960(元)

或：月末在产品成本=(4 160+12 800)/424×24=960(元)

制造费用：

计入产成品成本份额=(1 520+11 200)/424×400=12 000(元)

月末在产品成本=1 520+11 200-12 000=720(元)

或：月末在产品成本=(1 520+11 200)/424×24=720(元)

表 9-21　第二车间成本计算单

金额单位：元

项目	直接材料	直接人工	制造费用	合计
月初在产品成本	—	4 160	1 520	5 680
本月发生费用	—	12 800	11 200	24 000
计入产成品成本份额	—	16 000	12 000	28 000
月末在产品成本	—	960	720	1 680

（3）

表 9-22　产品成本汇总计算表

金额单位：元

项目	直接材料	直接人工	制造费用
第一车间	8 640	2 000	3 200
第二车间		16 000	12 000
合计	8 640	18 000	15 200

单位产品成本=41 840/400=104.6(元)

巩固与提高

1. 简述平行结转分步法的成本核算程序。

2. 与逐步结转分步法相比较，平行结转分步法具有哪些优缺点？

3. 平行结转分步法下如何计算约当产量？

第十章　成本报表的编制与分析

学习目标

1. 理解成本报表的作用、种类和特点。
2. 掌握各成本报表的具体内容、结构和编制方法。
3. 掌握产品成本表、费用表编制的方法和程序。
4. 了解成本报表分析的一般程序，掌握常用的成本报表分析方法。

第一节　成本报表概述

一、成本报表及其意义

成本报表是根据成本核算资料及其他有关资料定期编制的，用以反映企业产品成本管理水平和构成情况，分析、考核企业在一定时期内成本计划执行情况及其结果的报告文件。编制和分析成本报表是成本会计工作的一项重要内容。

正确、及时地编报成本报表，对加强成本管理低成本费用支出具有重要作用，主要体现在以下几个方面：

① 通过成本报表，可以了解企业成本的状况，检查企业成本计划的执行情况，考核企业成本管理工作的业绩。

② 通过成本报表分析，可以揭示产品成本及各项费用影响因素的增减变动情况，便于查明原因，明确经济责任，从而使企业可以有针对性地采取措施，提高企业生产耗费的经济效益。

③ 成本报表提供的产品成本和费用支出的实际资料，不仅可以满足企业、车间和有关部门加强日常成本、费用控制的需要，而且是企业进行成本、利润的预测、决策，编制成本和各项费用计划、制定定品价格的重要依据。

二、成本报表的种类

成本报表按所反映的内容可分为以下类别：

反映产品成本情况的报表。这类报表主要反映企业为生产一定种类和数量产品所耗费的成本水平及其构成情况，并与参照基准(如计划、上年实际、历史先进水平或同行业同类产品先进水平)进行比较，反映产品成本的变动情况和变动趋势。属于此类报表的有：产品成本表、主要产品单位成本表等。

反映各种费用支出的报表。此类报表主要反映企业在一定时期内各种费用支出总额及其构成情况，并与计划(预算)、上年实际对比，反映费用的变动情况和变动趋势。属于此类报表的有：制造费用明细表、管理费用明细表、财务费用明细表等。

成本报表是对内报表，主要为满足企业内部经营管理的需要而编制，一般多为定期编报，即按月、季定期编报以满足企业定期考核、分析成本计划完成情况的需要。当然，为了加强成本的日常管理，对于成本耗费的主要指标，也可以按旬、按周、按日甚至按班编报，及时向有关部门和人员提供成本报表，可以充分发挥成本核算对企业的指导作用。

巩固与提高

1. 编制成本报表的作用体现在哪里？

2. 成本报表有哪些种类？

第二节 成本报表的编制

一、成本报表的编制方法

各种成本报表，有的反映本期产品的实际成本，有的反映本期经营管理费用的实际发生额，有的还可能反映实际成本或实际费用的累计数。为了考核和分析成本计划的执行情况，这些报表一般还反映有关的计划数和某些补充资料。

成本报表中的实际成本和费用，应根据有关的产品成本或费用明细账的实际发生额填列。表中的累计实际成本、费用，应根据本期报表的本期实际成本、费用，并加上上期报表的累计实际成本、费用计算填列；如果有关的明细账簿中记有期末累计实际成本、费用，可以直接根据有关的明细账相应数据填列。成本报表中的计划数，应根据有关的计划填列；表中其他资料和补充资料，应按报表编制规定填列。

二、产品成本表的编制

（一）产品成本表的编制

产品成本表是反映企业在一定时期内所生产的全部产品的总成本及各种主要产品的单位总成本的报表。

利用产品成本表可以定期、总括地考核和分析企业全部产品和各种主要产品成本计划的完成情况，可以分析成本升降的原因，寻求降低产品成本的途径，以便采取相应措施，改善和加强成本管理。同时，该表还可以为企业编制下期的成本计划提供可靠的参考资料。

产品成本表可以从两个不同角度进行编制和分析。一是按产品种类编制产品生产成本表，二是按成本项目编制产品生产成本表。下面将按上述两个不同角度举例说明编制产品生产成本报表的方法。

1. 按产品种类编制产品生产成本表

【例1】 某工厂上一年12月的产品成本表(按产品种类)如表10-1所示。

此表分为基本报表和补充资料两部分。基本报表部分应按可比产品和不可比产品分别填列。可比产品是指企业过去曾经正式生产过，有完整的成本资料可以进行比较的产品；不可比产品是指企业本年度初次生产的新产品，或虽非初次生产，但以前仅属试制而未正式投产的产品，缺乏可比的成本资料。在成本计划中，对不可比产品只规定本年的计划成本，而对可比产品不仅规定计划成本指标，而且规定成本降低计划指标，即本年度可比产品计划成本比上年度(或以前年度)实际成本的降低额和降低率。

产品成本表的基本报表部分，应反映各种可比和不可比产品本月及本年累计的实际产量、实际单位成本和实际总成本。以上项目的本月数，应根据本月产品成本明细账中的有关记录填列；本年累计实际产量(第②栏)和累计实际总成本(第⑫栏)应根据本月数加上月本表的累计数计算填列，累计实际平均单位成本(第⑥栏)应根据累计实际总成本(第⑫栏)除以累计实际产量(第②栏)计算填列。

为了反映企业当年全部产品成本计划完成情况，基本报表部分还应反映各种可比和不可比产品本月和本年累计按计划单位成本(第④栏)计算的总成本(第⑧、⑪栏)。计划单位成本应根据本年成本计划填列，本月和本年累计计划总成本应根据计划单位成本分别乘以本月实际产量和本年累计实际产量计算填列。

为了计算可比产品成本降低额和降低率，基本报表部分还应反映可比产品本月和本年按上年实际平均单位成本(第③栏)计算的总成本(第⑦、⑩栏)。上年实际平均单位成本应根据上年度12月份本表全年累计实际平均单位成本(第⑥栏)填列，本月和本年累计实际总成本应根据上年实际平均单位成本分别乘以本月实际产量和本年累计实际产量计算填列。不可比产品由于过去没有正式生产过，没有成本资料可以比较，因而不必填列第③、⑦、⑩栏。

补充资料部分只填列本年累计实际数。其中：

(1) 可比产品成本降低额。指可比产品累计实际总成本比按上年实际平均单位成本计算的累计总成本降低的数额，超支额用负数表示。其计算公式为：

可比产品成本降低额=可比产品按上年实际平均单位成本计算的总成本-可比产品本年累计实际总成本

表 10-1　产品生产成本表(按产品种类反映)

制表单位：××工厂　　201×年 12 月　　单位：元

产品名称	计量单位	实际产量		单位成本				本月总成本			本年累计总成本		
		本月	本年累计	上年实际平均	本年计划	本月实际	本年累计实际平均	按上年实际平均单位成本计算	按本年计划单位成本计算	本期实际	按上年实际平均单位成本计算	按本年计划单位成本计算	本年实际
		①	②	③	④	⑤=⑨÷①	⑥=⑫÷②	⑦=①×③	⑧=①×④	⑨	⑩=②×③	⑪=①×④	⑫
可比产品合计								28 500	26 500	26 200	374 000	26 500	345 800
其中：甲产品	件	50	600	90	80	84	83	4 500	4 000	4 200	54 000	4 000	49 800
乙产品	件	30	400	800	750	733.33	740	24 000	22 500	22 000	320 000	22 500	296 000
不可比产品									1 000	1 024	0	8 750	8 820
其中：丙产品	件	8	70		125	128	126		1 000	1 024		8 750	8 820
全部产品									27 500	27 224		35 250	354 620

补充资料：

1. 可比产品成本降低额 28 200(元)(本年计划降低额 30 000)；
2. 可比产品成本降低率 7.54%(本年计划降低率 8%)；
3. 按现行价格计算的产品产值 1 183 000 元；
4. 产值成本率 29.98 元/百元。

以表 10-1 的资料为例，计算如下：

可比产品成本降低额=374 000-345 800=28 200(元)

(2) 可比产品成本降低率。指可比产品本年累计实际总成本比按上年实际平均单位成本计算的累计总成本降低的比率，超支率用负数表示。其计算公式为：

$$可比产品成本降低率=\frac{可比产品成本降低额}{可比产品按上年实际平均单位成本计算的总成本}\times100\%$$

以表 10-1 的资料为例，计算如下：

可比产品成本降低率=28 200/3 740 000=7.54%

(3) 按现行价格计算的商品产值。根据有关的统计资料填列。

(4) 产值成本率(元/百元)。指产品总成本与商品产值的比率，通常以每百元商品产值总成本表示。计算公式为：

$$产值成本率=\frac{产品总成本}{产品产值}\times100\%$$

以表 10-1 资料为例计算如下：

产值成本率(元/百元)=354 620/1 183 000×100=29.98(元/百元)

2. 按成本项目编制产品生产成本表

【例 2】 某工厂某年 12 月的产品成本表(按成本项目)如表 10-2 所示。

表 10-2 产品生产成本表(按产品种类反映)

制表单位：××工厂　　201×年 12 月　　单位：元

项目	本年计划数	本月实际数	本年累计实际数
生产费用			
直接材料	132 000	9 230	131 750
直接人工	63 000	4 015	62 530
制造费用	90 000	6 520	92 440
生产费用合计	285 000	19 765	286 720
加：在产品、自制半成品期初余额	15 000	2 830	18 310
减：在产品、自制半成品期末余额	12 000	1 920	15 160
产品成本合计	288 000	20 675	289 870

表 10-2 是按成本项目汇总反映企业在报告期内发生的全部生产费用以及产品成本合计数的报表。

表 10-2 分为生产费用和产品成本两部分。生产费用部分按成本项目反映；产品成本部分在生产费用合计数的基础上，加减期初、期末在产品和自制半成品余额计算的产品成本合计数。生产费用和产品成本的数据可以视分析需求，按本年计划数、本月实际数和本年累计实际数分栏反映。

(二) 各种费用报表的编制

各种费用是指企业在生产经营过程中，各个车间、部门为进行产品生产组织和管理生产经营活动所发生的制造费用和三项期间费用，其中，制造费用属于产品成本的组成部分。通过编制费用报表可以反映各项费用计划的执行情况，分析各种费用变动的原因及对产品成本和当期损益的影响。下面分别以制造费用和期间费用的管理费用为例说明编制方法。

1. 制造费用明细表的结构和编制方法

【例 3】 某工厂 201×年 12 月的制造费用明细表的格式如表 10-3 所示。

表 10-3 制造费用明细表

制表单位：××工厂　　　　201×年 12 月　　　　单位：元

项目	本年计划数	上年同期实际数	本月实际数	本年累计实际数
职工薪酬	300 000	24 500	26 500	310 000
劳保费	10 000	1 500	1 200	13 500
低值易耗品摊销	25 000	2 500	2 600	30 000
折旧费	50 000	4 000	3 800	48 000
运费	30 000	3 000	2 800	31 000
电费	35 000	2 750	2 800	35 100
水费	3 500	260	250	3 100
办公费	20 000	19 000	1 750	21 000
其他	25 000	2 000	2 100	24 500
合计	498 500	59 510	43 800	516 200

此表按制造费用项目分别反映各项费用的本年计划数、上年同期实际数、本月实际数和本年累计实际数。其中，本年计划数应根据成本计划中的制造费用计划填列；上年同期实际数应根据上年同期制造费用明细表的本月实际数填列；本月实际数应根据“制造费用”总账科目所属各基本生产车间制造费用明细账的本月合计数汇总计算填列；本年累计实际数应根据这些制造费用明细账的本月末累计数汇总计算填列。

2. 期间费用明细表的结构和编制方法

【例 4】 某工厂 201×年 12 月的管理费用明细表的格式如表 10-4 所示。

表 10-4 管理费用明细表

制表单位：××工厂　　　　201×年 12 月　　　　单位：元

项目	本年计划数	上年同期实际数	本月实际数	本年累计实际数
职工薪酬	500 000	30 000	35 000	420 000
差旅费	450 000	3 500	3 600	35 000
办公费	75 000	6 000	7 000	68 000
中介费	50 000	4 000	4 000	48 000
业务招待费	40 000	3 500	5 000	52 000
税费	35 000	2 500	3 000	32 000
维修费	75 000	6 400	6 000	78 000
折旧费	42 000	3 500	3 600	44 000

续表

项目	本年计划数	上年同期实际数	本月实际数	本年累计实际数
低值易耗品摊销	24 000	2 000	1 750	23 000
其他	35 000	3 450	3 600	42 000
合计	1 326 000	64 850	72 550	842 000

表 10-4 按管理费用项目分别反映各项费用的本年计划数、上年同期实际数、本月实际数和本年累计实际数。其中，本年计划数应根据公司(总厂)或行政管理部门的管理费用计划填列；上年同期实际数应根据上年同期管理费用明细表的本月实际数填列；本月实际数应根据管理费用明细账的本月合计数填列；本年累计实际数应根据管理费用明细账本月末的累计数填列。

巩固与提高

1. 什么是可比产品？什么是不可比产品？

2. 可比产品和不可比产品在编制生产成本表时分别有怎样的要求？

第三节 成本报表分析

一、成本报表分析概述

成本报表分析属于事后分析。它以成本报表所提供的、反映企业一定时期成本水平和构成情况的资料及有关的计划、核算资料为依据，运用科学的分析方法，通过分析各项指标的变动以及指标之间的相互关系，揭示企业各项成本指标计划的完成情况和原因，从而获得对企业一定时期的成本工作情况比较全面的、本质的认识。

二、成本分析的程序与方法

（一）成本分析的程序

成本分析的一般程序可以划分为如下步骤：

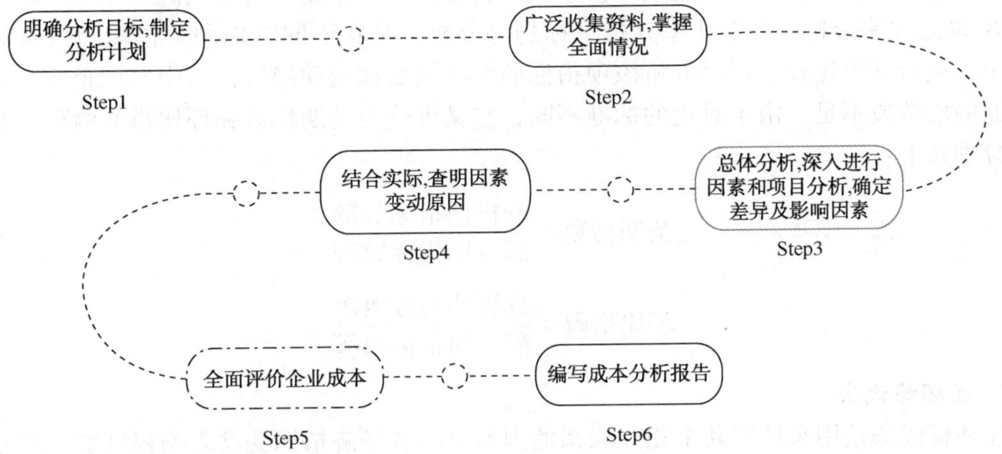

（二）成本报表分析的方法

在分析成本报表时，为了研究各项成本指标的数量变动和指标之间的数量关系、测定各种因素变动对成本指标的影响程度，还要应用数量分析方法。常用的有以下几种。

1. 比较分析法

比较分析法是指通过指标对比，从数量上确定差异的一种分析方法。其主要作用在于揭示客观上存在的差距，并为进一步分析指明方向。比较分析的基数由于分析目的不同而有所不同。实际工作中通常有以下几种形式：

① 以成本的实际指标与成本的计划或定额指标对比，分析成本计划或定额的完成情况。

② 以本期实际成本指标与前期（上期、上年同期或历史最好水平）的实际成本指标对比，观察企业成本指标的变动情况和变动趋势，了解企业生产经营工作的改进情况。

③ 以本企业实际成本指标与国内外同行业先进指标对比，可以在更大的范围内找出差距，推动企业改进经营管理。

比较分析法是经济分析中广泛应用的一种分析方法，但这种方法一般只适用于同质指标的数量对比，因此应用时要注意指标的可比性。

2. 比率分析法

比率分析法是指通过计算和对比经济指标的比率，进行数量分析的一种方法。采用这一方法，先要把对比的数值变成相对数，求出比率，然后再进行对比分析。具体形式有以下几种：

① 相关指标比率分析。将两个性质不同但又相关的指标对比求出比率，然后再以实际数与计划（或前期实际）数进行对比分析，以便从经济活动的客观联系中，更深入地认识企

业的生产经营状况。例如，将成本指标与反映生产、销售等生产经营成果的产值、销售收入、利润指标对比求出的产值成本率和成本费用利润率指标，可据以分析和比较生产耗费的经济效益。

② 构成比率分析。所谓构成比率，是指某项经济指标的各个组成部分占总体的比重。例如，将构成产品成本的各个成本项目同产品成本总额相比，计算其占成本的比重，确定成本的构成比率；然后将不同时期的成本构成比率相比较，通过观察产品成本构成的变动，掌握经济活动情况，了解企业改进生产技术和经营管理对产品成本的影响。

③ 动态比率分析。动态比率分析又称趋势分析，是将不同时期同类指标的数值对比求出比率，进行动态比较，据以分析该项指标的增减速度和变动趋势，从中发现企业在生产经营方面的成绩或不足。由于对比的标准不同，它又可分为基期指数和环比指数两种，其计算公式分别如下：

$$基期指数=\frac{分析期指标数额}{固定期指标数额}$$

$$环比指数=\frac{分析期指标数额}{前一期指标数额}$$

3. 连环替代法

连环替代法是用来计算几个相互联系的因素对综合经济指标变动影响程度的一种分析方法。其计算程序如下：

① 确定影响某项经济指标完成情况的因素，按其依存关系列出关系式；

② 以基数(计划数或上期实际数)为计算基础；

③ 按照公式中所列因素的同一顺序，逐次以各因素的实际数替换其基数，每次替换后实际数就被保留下来。有几个因素就替换几次，直到所有因素都变成实际数为止，每次替换后都求出新的计算结果；

④ 将每次替换后的所得结果，与其相邻近的前一次计算结果相比较，两者的差额就是某一因素变动对综合经济指标变动的影响程度；

⑤ 将各因素的影响数额相加，其代数和就是被分析指标实际数与基数的总差异数。

下面以材料成本总额变动分析为例，说明这一分析方法的应用。

【例 1】 假定某企业材料成本总额的计划和实际数资料如表 10-5 所示。

表 10-5

指标	单位	计划数	实际数	差异
产品产量	件	60	50	-10
单位产品材料消耗量	千克	20	18	-2
材料单价	元	10	12	+2
材料成本总额	元	12 000	10 800	-1 200

(1) 明确影响材料成本总额的影响因素，并列出公式：

材料成本总额=产品产量×单位产品材料消耗量×材料单价

(2) 以基数(计划数)为计算基础：60×20×10=12 000(元) ①

（3）第一次替换：50×20×10＝10 000（元） ②

（4）第二次替换：50×18×10＝9 000 （元） ③

（5）第三次替换：50×18×12＝10 800（元） ④

（6）影响分析：

②－①产量变动影响：10 000－12 000＝－2 000（元）

③－②单位产品材料消耗量变动影响：9 000－10 000＝－1 000（元）

④－③材料单价变动影响：10 800－9 000＝1 800（元）

以上三项因素变动影响合计：（－2 000）＋（－1 000）＋1 800＝－1 200（元）

通过计算可以看出，产品产量下降，使材料成本节约 2 000 元；单位产品材料消耗量下降，使材料成本节约 1 000 元；单位产品材料单价上升，使材料费用超支了 1 800 元。进一步分析应查明产量下降和材料价格提高的原因，然后才能对企业材料费用总额变动情况做出评价。

4. 差额计算法

差额计算法是连环替代法的一种简化形式。运用这一方法时，先要确定各因素实际数与计划数之间的差异，然后按照各因素的排列顺序，依次求出各因素变动的影响程度。

【例 2】 在此沿用例 10－5（表 10－5）的数字资料，以差额计算法测定各因素影响程度如下：

（1）分析对象：

10 800－12 000＝－1 200（元）

（2）各因素影响程度：

产量变动影响＝（－10）×20×10＝－2 000（元）

单位产品材料消耗量变动影响＝50×（－2）×10＝－1 000（元）

材料单价变动影响＝50×18×（＋2）＝1 800（元）

合计 －1 200（元）

以上所述只是常用的几种数量分析方法。此外，还可以根据分析的目的和要求，采用指数法、分组法、图表法等其他数量分析方法。

需要指出的是，不论什么分析方法，都只能为进一步调查研究指明方向，而不能代替调查研究。要确定导致成本管理工作好坏的具体原因，并据以提出切实有效的建议和措施来改进工作，还必须在采用上述分析方法进行分析的基础上，深入实际调查研究。

成本分析人员应在本职工作上，忠于职守，廉洁奉公，严守职业道德；对于分析出的成本问题，严守法纪，坚持原则，维护国家利益，抵制一切违法乱纪、贪污盗窃的行为，要勇于负责，不怕打击报复。

巩固与提高

1. A 公司生产甲产品过程中的材料成本构成如表 10－6 所示。

表 10-6

项目	计量单位	计划数	实际数
产量	台	300	400
单位产品材料消耗量	千克/台	15	14
材料单价	元/千克	10	12
材料总成本	元	45 000	67 200

【要求】

（1）运用因素分析法，分析各因素变动对材料总成本的影响；

（2）运用差额分析法，分析各因素变动对材料总成本的影响。

下篇

成本会计
各章节练习题

第一章　总　论

一、单项选择题

1. 成本的经济实质是(　　)。
A. 劳动者为自己劳动所创造价值的货币表现
B. 生产经营过程中所耗费生产资料转移价值的货币表现
C. 企业在生产经营过程中所耗费的资金的总和
D. 劳动者为社会劳动所创造价值的货币表现
2. 产品成本是指(　　)。
A. 企业为生产某种、类、批产品所支出的一种特有的费用
B. 企业在生产过程已经耗费的、用货币额表现的生产资料的价值
C. 企业在一定时期内发生的，用货币额表现的生产耗费
D. 企业为生产一定种类、一定数量的产品所支出的各种生产费用的总和
3. 所谓理论成本，就是按照马克思的价值学说计算的成本，它主要包括(　　)。
A. 劳动者为社会劳动所创造的价值
B. 劳动者为自己劳动所创造的价值
C. 已耗费的生产资料转移的价值
D. 已耗费的生产资料转移的价值和劳动者为自己劳动所创造的价值
4. 按产品的理论成本，不应计入产品成本的是(　　)。
A. 生产管理人员工资　　B. 设备维修费用
C. 生产用动力　　D. 废品损失
5. 实际工作中的产品成本是指(　　)。
A. 产品所耗费的全部成本
B. 产品生产的变动成本
C. 产品的生产成本
D. 生产中耗费的用货币额表现的生产资料价值
6. 根据工业企业费用要素的划分，下列各项中不属于“外购材料”项目的有(　　)。
A. 外购燃料　　B. 外购包装物
C. 外购低值易耗品　　D. 外购半成品
7. 下列不应计入产品成本的费用是(　　)。
A. 直接用于产品生产构成产品实体的原材料
B. 生产过程中发生的废品损失
C. 专设销售机构人员的工资及福利费
D. 生产车间固定资产的折旧费
8. 下列各项中，不计入产品成本的费用是(　　)。

A. 直接材料费用　　B. 辅助车间管理人员工资
C. 厂部办公楼折旧费　　D. 车间厂房折旧费

9. 以下应计入工业企业经营管理费用的税金是(　　)。
A. 增值税　　B. 消费税
C. 代扣代缴职工个人所得税　　D. 印花税

10. 为了简化核算工作，制造费用的费用项目在设立时主要考虑的因素是(　　)。
A. 是否间接用于产品生产　　B. 是否用于组织和管理生产
C. 费用的性质是否相同　　D. 是否直接用于产品生产

11. 企业为生产产品发生的原料及主要材料的耗费，应计入(　　)。
A. 辅助生产成本　　B. 管理费用
C. 基本生产成本　　D. 制造费用

12. 可以计入“直接材料”成本项目的材料费用是(　　)。
A. 直接用于生产过程中的原材料　　B. 为组织管理生产用的低值易耗品
C. 生产过程中间接耗用的材料　　D. 为组织管理生产用的机物料

13. 下列各项中应计入管理费用的是(　　)。
A. 银行借款的利息支出　　B. 银行存款的利息收入
C. 车间管理人员的工资　　D. 企业的技术开发

14. 成本会计是会计的一个分支，是一种专业会计，其对象是(　　)。
A. 资金　　B. 企业　　C. 成本　　D. 会计主体

15. 成本会计的任务主要决定于(　　)。
A. 成本控制　　B. 成本核算
C. 企业经营管理的要求　　D. 成本决策

16. 成本会计的一般对象可以概括为(　　)。
A. 各行业企业有关的经营管理费用
B. 各行业企业生产经营业务的成本
C. 各行业企业生产经营业务的成本、有关的经营管理费用和各项专项成本
D. 各行业企业生产经营业务的成本和有关的经营管理费用

17. 成本会计最基本的职能是(　　)。
A. 成本核算　　B. 成本考核　　C. 成本预测　　D. 成本决策

18. 成本会计最基本的任务和中心环节是(　　)。
A. 进行成本核算，提供实际成本的核算资料
B. 进行成本预测，编制成本计划
C. 参与企业的生产经营决策
D. 审核和控制各项费用的支出

19. 集中核算方式和非集中核算方式是指(　　)的分工方式。
A. 企业内部成本会计对象　　B. 企业内部成本会计任务
C. 企业内部各级成本会计机构　　D. 企业内部成本会计职能

20. 大中型企业的成本会计工作一般采取(　　)。
A. 统一领导方式　　B. 会计岗位责任制

C. 集中工作方式　　D. 非集中工作方式

二、多项选择题

1. 产品的理论成本是由产品生产所耗费的若干价值构成，包括(　　)。
A. 生产中消耗的生产资料价值
B. 剩余价值
C. 劳动者为自己的劳动所创造的价值
D. 劳动者为社会创造的价值
E. 劳动者为社会创造的价值
2. 成本会计的职能是指成本会计工作应该做好的几个方面，具体包括(　　)。
A. 成本的考核和分析　　B. 成本的预测和决策
C. 设置成本核算机构　　D. 成本的核算和控制
E. 成本的计划
3. 现代成本会计的对象，应该包括各行业企业的(　　)。
A. 可控成本　　B. 专项成本
C. 机会成本　　D. 经营管理费用
E. 生产经营业务成本
4. 工业企业费用要素中的外购材料，是指企业耗用的一切从外部购进的(　　)。
A. 半成品　　B. 主要材料
C. 辅助材料　　D. 液体燃料
E. 气体燃料
5. 下列哪些项目是将费用按经济用途划分(　　)。
A. 直接材料　　B. 间接费用
C. 制造费用　　D. 管理费用
E. 固定费用

第二章　成本核算的基本原理

一、单项选择题

1. 为了保证按每个成本计算对象正确地归集应负担的费用，必须将应由本期产品负担的生产费用正确地在(　　)。

A. 各种产品之间进行分配

B. 完工产品和在产品之间进行分配

C. 盈利产品与亏损产品之间进行分配

D. 可比产品与不可比产品之间进行分配

2. 正确计算产品成本，应做好的基础工作是(　　)。

A. 确定成本会计对象　　B. 建立和健全原始记录

C. 确定成本项目　　D. 正确划分各种费用界限

3. 企业成本核算在各个会计期间所采用的会计处理方法前后各期应该一致，不得随意变动，体现了(　　)。

A. 一致性原则　　B. 分期性原则

C. 权责发生制原则　　D. 合法性原则

4. 企业在成本核算时，确定收入和支出是否在本期已经发生，是否算作本期的收入和支出，正确地计算产品成本，体现了(　　)。

A. 分期性原则　　B. 实际成本计价原则

C. 权责发生制原则　　D. 合法性原则

5. 企业在进行成本核算时，对于一些主要产品、主要费用，应作为重点设立项目进行计算和反映，而对于一些次要的产品、费用，应从简核算，体现了(　　)。

A. 分期性原则　　B. 一致性原则

C. 合法性原则　　D. 重要性原则

6. 下列各项中，属于产品生产成本项目的是(　　)。

A. 人员工资费用　　B. 制造费用

C. 外购燃料费用　　D. 折旧费用

7. 下列应计入产品生产成本的费用是(　　)。

A. 租入办公设备的租赁费　　B. 宣传费

C. 流水线工人福利费　　D. 银行借款利息

8. 属于产品成本项目的是(　　)。

A. 外购材料费用　　B. 折旧费用

C. 职工工资　　D. 制造费用

9. 下列不能计入产品生产成本的费用是(　　)。

A. 期间费用　　B. 生产工人工资及福利费

C. 车间管理人员的工资及福利费 D. 燃料利动力
10. 下列费中应计入产品成本的是( )。
A. 职工培训费 B. 技术支持部门机器的维护费
C. 生产车间机器设备的修理费 D. 仓库设备的保养费
11. 下列不应计入产品成本的费用是( )。
A. 生产过程中发生的废品损失 B. 为销售投放的广告费
C. 生产用设备的折旧费 D. 为生产产品耗用的外购半成品
12. 下列各项中，属于我国工业企业费用要素的是( )。
A. 期间费用 B. 制造费用
C. 辅助生产成本 D. 折旧费
13. 企业为生产产品发生的原料及主要材料的耗费，应计入( )。
A. 辅助生产成本 B. 基本生产成本
C. 制造费用 D. 生产费用
14. 直接用于产品生产的燃料，应直接记入或者分配记入的账户是( )。
A. 营业费用 B. 管理费用
C. 辅助生产成本 D. 基本生产成本
15. 企业为生产产品、提供劳务而发生的各项间接费用，属于( )成本项目。
A. 管理费用 B. 制造费用 C. 运营费用 D. 间接费用

二、多项选择题

1. 成本会计的基础工作中，要建立健全的原始记录主要包括( )。
A. 材料物资的原始记录 B. 劳动资源方面的原始记录
C. 设备使用方面的原始记录 D. 产品生产方面的原始记录
2. 成本核算的原则包括下列( )。
A. 一致性原则 B. 分期性原则
C. 权责发生制原则 D. 合法性原则
3. 成本会计的基础工作主要是建立和健全( )。
A. 各项消耗定额的制定和修订工作
B. 原始记录
C. 材料物资的计量、验收、领退和盘点制度
D. 企业内部结算价格
4. 为了正确计算产品成本，必须划分的费用界限有( )。
A. 各个会计期间的成本界限
B. 产成品和在产品的成本界限
C. 产品生产成本和期间费用的界限
D. 不同产品的成本界限
5. 对费用按经济用途分类包括如下哪些项目( )。
A. 制造费用 B. 直接费用 C. 直接材料 D. 直接人工
E. 管理费用

6. 下列各项中，不属于生产费用要素的有(　　)。
A. 财务费用　　B. 折旧费用　　C. 实收资本　　D. 外购材料
E. 应付职工薪酬
7. 下列各项中，属于制造费用项目的有(　　)。
A. 生产车间的办公费
B. 自然灾害引起的停工损失
C. 生产车间管理用具的摊销
D. 生产车间管理人员的工资及福利费
E. 管理部门办公设备的折旧费
8. 以下关于制造费用的理解正确的有(　　)。
A. 就是直接计入费用　　B. 就是间接计入费用
C. 可能是直接计入费用　　D. 可能是间接计入费用
E. 可能其中一部分是直接计入费用，另一部分是间接计入费用
9. 根据工业企业费用要素的划分，下列各项中属于“外购材料”项目的有(　　)。
A. 外购低值易耗品　　B. 外购燃料动力
C. 外购包装物　　D. 外购原材料

三、判断题

(　　)1. 企业为销售而专设的机构的固定资产维护保养费用应作为期间费用，影响当期损益。

(　　)2. 企业计提的固定资产折旧计提时，应全部计入产品成本。

(　　)3. 固定资产折旧费是产品成本的组成部分，应该全部计入产品成本。

(　　)4. 企业计算出来的成本，既可以是计划成本，也可以是实际成本。

(　　)5. 因为材料是产品成本的组成部分，所以企业各部门领用的材料，都应计入产品成本。

(　　)6. 车间主任、生产人员和技术人员的工资及福利费，是产品成本的重要组成部分，应该直接计入各种产品成本。

(　　)7. 用于产品生产、日常照明的动力费用，应记入各种产品成本明细账的“燃料及动力”成本项目。

(　　)8. 在只生产一种产品的工业企业或车间中，直接生产费用和间接生产费用都可以直接计入该种产品成本，都是直接计入费用，于是对该类企业或车间而言，就没有间接计入费用。

(　　)9. 企业某一期间为生产产品发生的费用总额，一定等于该会计期间产品成本的总额。

(　　)10. 产品成本项目是由财政部统一规定的，任何企业不能任意变动。

第三章　费用要素的归集与分配

一、单项选择题

1. 企业为生产产品发生的原料及主要材料的耗费，应通过(　　)账户核算。

A. 基本生产成本　　B. 辅助生产成本

C. 管理费用　　D. 制造费用

2. 月末编制材料费用分配表时，对于退料凭证的数额，可采取(　　)。

A. 冲减有关成本费用　　B. 在下月领料数中扣除

C. 从当月领料数中扣除　　D. 不需考虑

3. 材料成本差异科目的借方反映(　　)。

A. 材料的实际成本　　B. 材料的计划成本

C. 材料成本的节约差　　D. 材料成本的超支差

4. 在实际工作中，按生活福利部门人员工资和规定比例计提的职工福利费，应计入(　　)科目。

A. 管理费用　　B. 制造费用

C. 营业外支出　　D. 应付福利费

5. 季节性生产企业，其制造费用的分配宜采用(　　)。

A. 年度计划分配率分配法　　B. 生产工人工时比例分配法

C. 生产工人工资比例分配法　　D. 机器工时比例分配法

6. 为了简化核算工作，制造费用的费用项目在设立时主要考虑的因素是(　　)。

A. 费用的性质是否相同　　B. 是否直接用于产品生产

C. 是否间接用于产品生产　　D. 是否用于组织和管理生产

7. 按产品的理论成本，不应计入产品成本的是(　　)。

A. 生产管理人员工资　　B. 废品损失

C. 生产用动力　　D. 设备维修费用

8. 所谓理论成本，就是按照马克思的价值学说计算的成本，它主要包括(　　)。

A. 已耗费的生产资料转移的价值

B. 劳动者为自己劳动所创造的价值

C. 劳动者为社会劳动所创造的价值

D. 已耗费的生产资料转移的价值和劳动者为自己劳动所创造的价值

9. 根据工业企业费用要素的划分，下列各项中不属于“外购材料”项目的有(　　)。

A. 外购半成品　　B. 外购包装物

C. 外购低值易耗品　　D. 外购燃料

10. 可以计入“直接材料”成本项目的材料费用是(　　)。

A. 为组织管理生产用的机物料　　B. 为组织管理生产用的低值易耗品

C. 生产过程中间接耗用的材料　　D. 直接用于生产过程中的原材料

二、多项选择题

1. 在按计划成本进行材料核算时，材料明细账平时需要登记(　　)。
A. 收入材料的数量　　B. 发出材料的数量
C. 结存材料的数量　　D. 计划单位成本
E. 材料收入、发出和结存的金额

2. 下列(　　)等，都可以在“原材料”总账科目中核算。
A. 原料及主要材料　　B. 自制半成品
C. 外购半成品　　D. 包装材料
E. 修理用备件

3. 进行工资费用核算的原始记录有(　　)。
A. 考勤簿　　B. 考勤卡　　C. 产量记录　　D. 工资结算单
E. 工资费用分配表

4. 计提的应付福利费主要用于(　　)。
A. 医务经费　　B. 医疗卫生费
C. 劳动保护费　　D. 职工困难补助
E. 生活福利部门人员的工资

5. 计提固定资产折旧，应借记的账户可能是(　　)。
A.“基本生产成本”　　B.“辅助生产成本”
C.“制造费用”　　D.“固定资产”

6. 用于几种产品生产的共同耗用材料费用的分配，常用的分配标准有(　　)。
A. 工时定额　　B. 生产工人工资
C. 材料定额费用　　D. 材料定额消耗量

7. 根据有关规定，下列不属于工资总额内容的是(　　)。
A. 退休工资　　B. 差旅费
C. 福利人员工资　　D. 长病假人员工资

8. 职工的计件工资，可能记入(　　)账户借方。
A.“基本生产成本”　　B.“辅助生产成本”
C.“制造费用”　　D.“管理费用”

9. 将辅助生产车间费用先进行一次相互分配，然后再将辅助生产费用对辅助生产车间以外各受益对象进行分配，这种辅助生产费用的分配方法是(　　)。
A. 直接分配法　　B. 顺序分配法
C. 交互分配法　　D. 代数分配法

10. 在辅助生产费用分配方法中，不考虑各辅助生产车间相互提供产品和劳务的方法是(　　)。
A. 代数分配法　　B. 直接分配法
C. 交互分配法　　D. 计划成本分配法

三、判断题

(　　)1. 对于产品生产过程中耗用的原材料、燃料和动力等费用，可直接计入产品成本明细账的"原材料"或"燃料和动力"成本项目。

(　　)2. 一个要素费用按经济用途可能记入几个成本项目，一个成本项目可以归集同一经济用途的几个要素费用。

(　　)3. 预提费用是指企业预先支出但应由本期和以后各期分别负担的费用。

(　　)4. 基本生产车间发生的各种费用均应直接记入"基本生产成本"账户。

(　　)5. 企业固定资产折旧费应全部计入产品成本。

(　　)6. 产品成本项目是由国家统一规定的，任何企业不能变动。

(　　)7. 因为材料是产品成本的组成部分，所以企业各部门领用的材料，都应计入产品成本。

(　　)8. 生产人员、车间管理人员和技术人员的工资，是产品成本的重要组成部分，应该直接计入各种产品成本。

(　　)9. 用于产品生产、照明、取暖的动力费用，应记入各种产品成本明细账的"燃料及动力"成本项目。

(　　)10. 成本项目是企业费用按其经济内容所做的分类。

四、计算分析题

1. 企业20×7年7月生产的甲、乙两种产品共同耗用A、B两种原材料，耗用量无法按产品直接划分。具体资料如下：

(1) 甲产品投产400件，原材料消耗定额为A材料3千克，B材料8千克。

(2) 乙产品投产200件，原材料消耗定额为A材料4千克，B材料5千克。

(3) 甲、乙两种产品实际消耗总量为：A材料2 060千克，B材料4 116千克。

(4) 材料实际单价为：A材料6元/千克，B材料8元/千克。

【要求】

根据定额消耗量的比例，分配甲、乙两种产品原材料费用。填入表3-1。

表3-1　原材料费用分配表　　单位：元

原材料		A材料	B材料	原材料实际成本
甲产品投产(　)件	消耗定额(千克)			
	定额消耗量(千克)			
乙产品投产(　)件	消耗定额(千克)			
	定额消耗量(千克)			
定额消耗总量				
实际消耗总量				
消耗量分配率				
实际消耗量的分配	甲产品			
	乙产品			

续表

原材料		A材料	B材料	原材料实际成本
原材料实际单位成本				
原材料费用(元)	甲产品			
	乙产品			
	合计			

2. 企业有两个基本生产车间和一个供电车间、一个机修车间。第一生产车间生产A产品和B产品，第二生产车间生产C产品。

(1) 耗用材料的分配：

① 该厂20×7年7月份材料成本差异率为+4%(包括燃料)。

② 第一生产车间A、B两种产品共同耗用原材料按定额费用的比例进行分配，共同耗用燃料按A、B两种产品的产量比例分配(原材料、燃料耗用情况见表3-2、表3-3)。两种产品的产量及定额资料如下：A产品产量1 400件，原材料单件消耗定额25元。B产品产量1 000件，原材料单件消耗定额30元。

表3-2　原材料耗用汇总表　　单位：元

领料车间、部门	用　途	计划成本
第一生产车间	制造A产品	39 000
第一生产车间	制造B产品	31 000
第一生产车间	制造A、B产品共同耗用	78 000
第一生产车间	机器设备维修用	2 600
第一生产车间	劳动保护用	800
第一生产车间	一般性消耗	1 600
第二生产车间	制造C产品	46 000
第二生产车间	机器设备维修用	1 300
第二生产车间	劳动保护用	730
第二生产车间	一般性消耗	1 100
供电车间	生产用	12 000
机修车间	生产用	13 500
企业管理部门	固定资产经常维修用	900
合　计		228 530

表3-3　燃料耗用汇总表　　单位：元

领料车间	用　途	计划成本
第一生产车间	制造A、B产品共同耗用	9 600
第二生产车间	制造C产品	6 800
合　计		16 400

（2）人工费用的资料：

① 该企业20×7年7月各车间、部门的工资汇总表见表3-4。

② 第一生产车间生产工人的工资及福利费，按A、B两种产品的生产工时进行分配，A产品生产工时为30 000小时，B产品的生产工时为28 000小时，第二生产车间只生产一种C产品，所以其生产工人工资及福利费全部计入C产品的成本（该厂提取的职工福利费按工资额的14%计提）。

表3-4 工资费用汇总表

单位：元

车间、部门	各类人员	工资
第一生产车间	生产工人	12 400
	管理人员	900
第二生产车间	生产工人	5 800
	管理人员	700
供电车间	车间人员	1 400
机修车间	车间人员	2 600
企业管理部门	管理人员	4 500
合计		28 300

【要求】

1. 编制“燃料费用分配表”（填入表3-5）和“原材料费用分配表”（填入表3-6）。
2. 编制“工资及福利费用分配表”（填入表3-7）。
3. 根据以上各分配汇总表编制会计分录。

表3-5 燃料费用分配表

年 月

分配对象	产量（件）	燃料					
		间接分配部分（计划成本）		直接计入部分（计划成本）	计划成本合计金额	材料成本差异（%）	实际成本合计
		分配率	应分配费用				
A产品							
B产品							
小计							
C产品							
小计							
合计							

表 3-6　原材料费用分配表

年　　月

应借账户		成本或费用项目	产量（件）	本月消耗			计划价格	直接耗用（计划成本）	原材料计划成本合计	材料成本差异	原材料实际成本合计
				单位耗用定额（元）	耗用总额（元）	分配率					
基本生产成本	A 产品	原材料									
	B 产品	原材料									
	小　计										
	C 产品	原材料									
制造费用	第一车间	消耗材料									
		修理费									
		劳动保护费									
	第二车间	消耗材料									
		修理费									
		劳动保护费									
辅助生产成本	供电车间	材料费									
	机修车间	材料费									
管理费用											
合　　计											

表 3-7　工资及福利费用分配汇总表

年　　月

应借账户		实用工时	工资		提取的福利费		合计
			分配率	应分配费用	分配率	应分配费用	
基本生产成本	A 产品						
	B 产品						
	小计						
	C 产品						
小　计							
制造费用	第一车间						
	第二车间						
小　计							

续表

<table>
<tr><th colspan="2" rowspan="2">应借账户</th><th rowspan="2">实用工时</th><th colspan="2">工资</th><th colspan="2">提取的福利费</th><th rowspan="2">合计</th></tr>
<tr><th>分配率</th><th>应分配费用</th><th>分配率</th><th>应分配费用</th></tr>
<tr><td rowspan="2">辅助生产车间</td><td>供电车间</td><td></td><td></td><td></td><td></td><td></td><td></td></tr>
<tr><td>机修车间</td><td></td><td></td><td></td><td></td><td></td><td></td></tr>
<tr><td colspan="2">小　计</td><td></td><td></td><td></td><td></td><td></td><td></td></tr>
<tr><td colspan="2">管理费用</td><td></td><td></td><td></td><td></td><td></td><td></td></tr>
<tr><td colspan="2">合　计</td><td></td><td></td><td></td><td></td><td></td><td></td></tr>
</table>

3. 某工厂发生下列有关的经济业务：

（1）7 月 31 日，根据计量仪表记录本月份共耗用外购动力 47 000 度。其中，基本生产车间生产 A、B 两种产品，动力用电 40 000 度，照明用电 1 000 度，修理车间用电 2 000 度，运输车间用电 600 度，销售部门用电 800 度，行政管理部门用电 2 600 度，每度 0. 20 元。对直接用于产品的外购动力采用生产工时比例标准进行分配。据统计，A 产品耗用 22 000 工时，B 产品耗用 10 000 工时。

（2）8 月 2 日，收到电力公司账单，列明上月耗用电力 47 000 度，每度 0. 40 元，计价款 18 800 元，签发支票付讫。

【要求】

1. 编制外购动力费用分配表。
2. 编制会计分录。

第四章　辅助生产费用的归集与分配

一、单项选择题

1. 辅助生产费用的分配方法中，分配结果最为准确的是(　　)。

A. 直接分配法　　B. 交互分配法　　C. 代数分配法　　D. 顺序分配法

2. 如果辅助生产的间接费用不单独设置“制造费用”核算，其车间计提的折旧费计入(　　)账户

A. 生产成本——基本生产成本　　B. 生产成本——辅助生产成本

C. 管理费用　　D. 制造费用

3. 辅助生产成本直接分配法的特点是将辅助生产成本(　　)。

A. 直接计入辅助生产提供的劳务成本

B. 直接分配给所有受益的车间、部门

C. 直接分配给辅助生产以外的各受益单位

D. 直接计入“生产成本——辅助生产成本”账户

4. 辅助生产费用交互分配法，第一次交互分配的对象是(　　)。

A. 企业内每个受益单位　　B. 辅助生产车间之间

C. 辅助生产车间以外的受益单位　　D. 除本企业外的其他单位

5. 在辅助生产车间相互提供劳务很少的情况下，可以采用的辅助生产费用分配方法是(　　)。

A. 直接分配法　　B. 交互分配法　　C. 代数分配法　　D. 顺序分配法

6. 将辅助生产成本直接分配给辅助生产以外的各受益单位，这种分配方法是(　　)。

A. 直接分配法　　B. 交互分配法

C. 计划成本分配法　　D. 顺序分配法

7. 辅助生产车间完工的修理备用件入库时，应借记的账户是(　　)。

A. 原材料　　B. 周转材料

C. 生产成本——基本生产成本　　D. 生产成本——辅助生产成本

8. 某工业企业下设供水、供电两个辅助生产车间，采用交互分配法进行辅助生产成本的分配。2019 年 4 月，供水车间交互分配前实际发生的生产成本为 90 000 元，分配后应负担供电车间的电费为 2 7000 元。供水总量为 500 000 吨(其中：供电车间耗用 50 000 吨，基本生产车间耗用 350 000 吨，行政管理部门耗用 100 000 吨)。供水车间 2019 年 4 月对辅助生产车间以外的受益单位分配水费的总成本为(　　)元。

A. 105 300　　B. 108 000　　C. 117 000　　D. 81 000

9. 采用计划成本分配法，通常为了核算的简便，将辅助生产差异计入(　　)。

A. 生产成本——基本生产成本　　B. 管理费用

C. 制造费用　　D. 营业外支出

10. 采用交互分配法时，某辅助车间对外分配的成本总额是(　　)。

A. 交互分配前的成本

B. 交互分配前的成本加上交互分配转入的成本

C. 交互分配前的成本减去交互分配转出的成本

D. 交互分配前的成本加上交互分配转入的成本，减去交互分配转出的成本

二、多项选择题

1. 辅助生产车间发生的水电费，可以借记的账户有(　　)。

A. 管理费用　　B. 制造费用

C. 生产成本——基本生产成本　　D. 生产成本——辅助生产成本

2. 辅助生产费用分配方法可以采用(　　)。

A. 约当产量法　　B. 交互分配法

C. 年度计划分配率法　　D. 直接分配法

3. 辅助生产成本直接分配法，具有(　　)特点。

A. 核算工作简便　　B. 核算工作量较大

C. 只需分配一次　　D. 核算结果不够准确

4. 下列关于辅助生产成本的分配表述正确的有(　　)。

A. 直接分配法是分配结果最为准确的方法

B. 顺序分配法先分配给受益少的，再分配给受益多的

C. 交互分配法第一次交互分配的对象是辅助生产车间以外的受益单位

D. 采用计划成本分配法，实际总成本与计划总成本之间的差异由管理费用负担

5. 企业在进行辅助生产费用分配时，可能借记的账户有(　　)。

A. "制造费用"账户　　B. "管理费用"账户

C. "营业外支出"账户　　D. "生产成本——辅助生产成本"账户

三、判断题

(　　)1. 直接分配法适用于企业只有一个辅助生产车间的情况下采用。

(　　)2. 采用交互分配法，交互分配以后各辅助生产车间的待分配费用应全部分配给各受益对象。

(　　)3. 在辅助生产费用分配方法中，交互分配法的结果最为准确。

(　　)4. 代数分配法的特点是先根据各辅助生产车间相互提供产品和劳务的数量，求解联立方程式，计算辅助生产产品或劳务的单位成本。然后，根据各受益单位耗用产品或劳务的数量和单位成本，计算分配辅助生产费用。

(　　)5. 交互分配法是指不考虑各辅助生产车间之间相互提供劳务或产品的情况，将各辅助生产成本直接分配给辅助生产以外的各受益单位。

四、计算分析题

1. 某公司设有机修及锅炉两个辅助生产车间。机修车间修理费用按工时比例分配，锅炉车间的成本按供汽量比例分配。该公司 2008 年 7 月待分配的辅助生产费用为：机修车间

为24 000元，锅炉车间为440 000元。机修车间本月共修理16 000小时，其中：锅炉车间1 000小时、一车间7 000小时、二车间8 000小时。锅炉车间本月共供汽110 000立方米，其中：机修车间15 000立方米，一车间40 000立方米，二车间45 000立方米，企业管理部门10 000立方米。

【要求】

采用交互分配法计算锅炉车间各受益对象应分配的费用。（分配率除不尽时，保留小数点后两位小数）

2. A公司设有一个基本生产车间，生产甲、乙两种产品，另设一个供电车间和一个机修车间为其提供服务。2020年6月有关成本计算资料如下：

（1）甲产品生产工时4 000小时，直接材料11 500元，直接人工4 200元；

（2）乙产品生产工时6 000小时，直接材料15 900元，直接人工5 700元；

（3）基本生产车间机物料消耗600元，车间管理人员工资2 300元，折旧费350元；

（4）供电车间发生费用18 620元，本月供电56 200度，其中：机修车间3 000度，甲产品20 000度，乙产品25 000度，基本生产车间5 000度，行政管理部门3 200度。机修车间本月没有为基本生产车间提供劳务。

【要求】

采用直接分配法分配本月供电车间的辅助生产费用。（计算结果保留小数点后两位）

3. 某企业有供电和机修两个辅助生产车间，本月辅助生产成本明细账表明：供电车间发生费用为7 040元，机修车间为6 720元。供电车间和机修车间之间相互提供产品和劳务。两车间本月提供产品和劳务量如下表：

项目		用电度数	修理工时
第一车间	产品耗用	18 500 度	
	一般耗用	1 500 度	1 800 小时
第二车间	产品耗用	17 000 度	
	一般耗用	1 000 度	2 100 小时
管理部门		2 000 度	100 小时
供电车间			200 小时
机修车间		4 000 度	
合计		44 000 度	4 200 小时

【要求】

(1) 采用直接分配法分配辅助生产费用。

辅助生产费用分配表(直接分配法)

项目			供电车间	机修车间	合计
待分配辅助生产费用(元)					
供应辅助生产以外的劳务数量					
单位成本(分配率)					
基本生产	一车间	耗用数量			
		分配金额			
	二车间	耗用数量			
		分配金额			
制造费用	一车间	耗用数量			
		分配金额			
	二车间	耗用数量			
		分配金额			
管理费用		耗用数量			
		分配金额			
合计					

(2) 采用交互分配法分配辅助生产费用。

辅助生产费用分配表(交互分配法)

项目		供电车间			机修车间			合计
		数量	分配率	分配金额	数量	分配率	分配金额	
待分配辅助生产费用								
交互分配	供电车间							
	机修车间							

续表

<table>
<tr><th colspan="3" rowspan="2">项目</th><th colspan="3">供电车间</th><th colspan="3">机修车间</th><th rowspan="2">合计</th></tr>
<tr><th>数量</th><th>分配率</th><th>分配金额</th><th>数量</th><th>分配率</th><th>分配金额</th></tr>
<tr><td colspan="3">对外分配辅助生产费用</td><td></td><td></td><td></td><td></td><td></td><td></td><td></td></tr>
<tr><td rowspan="5">对外分配</td><td rowspan="2">基本生产</td><td>一车间</td><td></td><td></td><td></td><td></td><td></td><td></td><td></td></tr>
<tr><td>二车间</td><td></td><td></td><td></td><td></td><td></td><td></td><td></td></tr>
<tr><td rowspan="2">制造费用</td><td>一车间</td><td></td><td></td><td></td><td></td><td></td><td></td><td></td></tr>
<tr><td>二车间</td><td></td><td></td><td></td><td></td><td></td><td></td><td></td></tr>
<tr><td colspan="2">管理费用</td><td></td><td></td><td></td><td></td><td></td><td></td><td></td></tr>
<tr><td colspan="3">合计</td><td></td><td></td><td></td><td></td><td></td><td></td><td></td></tr>
</table>

第五章　制造费用的归集与分配

一、单项选择题

1. 按机器工时比例分配制造费用的方法适用于(　　)。

A. 机械化程度较高的产品　　B. 机械化程度相差不多的各种产品

C. 季节性生产的企业　　D. 制造费用较多的车间

2. 特别适用于季节性生产企业的制造费用分配方法是(　　)。

A. 定额比例法　　B. 计划成本分配法

C. 约当产量法　　D. 年度计划分配率法

3. 在生产多种产品的情况下，对制造费用的分配通常采用(　　)。

A. 机器工时比例法　　B. 年度计划分配率法

C. 生产工人工资比例法　　D. 生产工人工时比例法

4. 基本生产车间发生的机物料消耗，应计入(　　)。

A. 生产成本——基本生产成本　　B. 制造费用

C. 管理费用　　D. 销售费用

5. 制造费用的分配在选用(　　)方法时，期末会有余额。

A. 机器工时比例法　　B. 年度计划分配率法

C. 生产工人工资比例法　　D. 生产工人工时比例法

二、多项选择题

1. 下列各项中，属于制造费用项目的有(　　)。

A. 生产车间的办公费　　B. 生产车间管理用具的摊销

C. 自然灾害引起的停工损失　　D. 生产车间管理人员的工资

2. 制造费用的分配方法，主要包括(　　)。

A. 生产工时比例法　　B. 生产工人工资比例法

C. 机器工时比例法　　D. 年度计划分配率法

3. 下列关于制造费用的表述正确的是(　　)。

A. 发生在生产单位的间接计入费用

B. 大部分为间接生产费用，一部分为直接生产费用

C. 都是间接生产费用

D. 包括一部分期间费用

4. 按年度计划分配率分配制造费用时，“制造费用”账户月末(　　)。

A. 可能有借方余额　　B. 可能有贷方余额

C. 可能无月末余额　　D. 一定无月末余额

5. 以下应计入产品成本的是(　　)。

A. 生产车间领用工具价值的摊销　　　　B. 生产车间管理人员的薪酬
C. 生产车间经营性租入设备的租金　　　D. 生产过程中发生的废品损失

三、判断题

(　　)1. 制造费用与产品的生产工艺没有直接联系，因而都是间接计入费用。

(　　)2. “制造费用”科目期末无余额。

(　　)3. 制造费用按生产工人工时比例法分配，要求企业中各产品生产的机械化程度相差不多，否则会影响费用分配的合理性。

(　　)4. 在基本生产车间只生产一种产品的情况下，制造费用可以直接计入该产品的成本。

(　　)5. 制造费用与管理费用不同，本期发生的管理费用直接影响本期损益，而本期发生的制造费用不一定影响本期的损益。

四、计算分析题

1. 某企业大量生产甲、乙两种产品，采用品种法计算产品成本，原材料系生产开始时一次性投入。2009 年 11 月的成本核算资料如下：

(1) 月初在产品成本：甲产品为 6 520 元，其中：直接材料 3 020 元，直接人工 2 350 元，制造费用 1 150 元；乙产品为 2 490 元，其中：直接材料 1 320 元，直接人工 600 元，制造费用 570 元。

(2) 本月发生如下生产费用：

① 材料费用共 29 760 元，其中：甲产品耗用 9 536 元；乙产品耗用 8 274 元；甲、乙产品共同耗用 10 686 元；生产车间一般耗用 1 264 元；

② 职工薪酬费用：生产工人工资薪金 45 682 元；车间管理人员工资薪金 2 750 元；

③ 制造费用共计 9 800 元。

(3) 其他有关成本资料：

① 甲产品本月完工 800 件，月末在产品 200 件；乙产品本月完工 500 件，月末在产品 100 件；甲、乙产品在产品完工程度均为 50%。

② 本月甲产品生产工时 8 000 小时，乙产品生产工时 6 000 小时。

【要求】

(1) 按甲、乙产品的直接耗用材料金额比例分配其共同耗用的材料费；

（2）按甲、乙产品的生产工时比例分配薪酬费用和制造费用。

2. 某企业的第一生产车间本月份共发生制造费用 51 820 元，其中折旧费和修理费为 26 880元，其他费用为 24 940 元。该车间共生产甲、乙两种产品，甲产品机器工时为 300 小时，乙产品机器工时为 200 小时。甲产品生产工时为 2 500 小时，乙产品生产工时为 1 800 小时。

【要求】

根据上述资料，折旧费和修理费采用机器工时比例法，其他费用采用生产工时比例法分配制造费用，并将计算结果填入下表中：

产品名称	折旧费、修理费			其他费用			制造费用
	机器工时	分配率	分配金额	生产工时	分配率	分配金额	
甲产品							
乙产品							
合计							

第六章　生产费用在完工产品和在产品之间的分配

一、填空题

1. 广义在产品指________的产品。

2. 在产品发生盘盈时，按盘盈在产品的实际成本或定额成本计入________账户，经过有关部门批准核销时计入________账户。

3. 月初在产品成本+本月生产费用=________。

二、单项选择题

1. 下列情况中，不需要计算在产品完工程度的是(　　)。

A. 原材料在生产开始时一次投入

B. 原材料分别在各工序开始时一次投入

C. 材料随着加工进度陆续投入，投入程度与加工进度一致

D. 原材料随着加工进度陆续投入，投入程度与加工进度不一致

2. 下列方法中，不属于完工产品与在产品之间分配费用的方法是(　　)。

A. 约当产量法　　B. 交互分配法　　C. 定额成本法　　D. 定额比例法

3. 月末在产品数量很少，是否计算在产品成本对完工产品成本影响很小的企业，在计算在产品成本时应采用(　　)。

A. 定额成本法　　B. 不计算在产品成本法

C. 定额比例法　　D. 约当产量法

4. 月末在产品数量较多，但是各月之间月末在产品数量差别不大的企业，在计算在产品成本时应采用(　　)。

A. 约当产量法　　B. 在产品按原材料费用计价法

C. 定额成本法　　D. 在产品按年初数固定计算法

5. 定额管理水平较高，各项消耗定额或费用定额比较准确、稳定，而且各月在产品数量变化不大的企业，在计算在产品成本时应采用(　　)。

A. 定额成本法　　B. 定额比例法

C. 不计算在产品成本法　　D. 约当产量法

6. 下列不属于在产品的是(　　)。

A. 等待返修的废品　　B. 需要继续加工的半成品

C. 对外销售的自制半成品　　D. 等待验收入库的产品

7. 采用不计算在产品成本法，本月的完工产品成本为(　　)。

A. 本月归集的全部生产费用

B. 月初在产品成本加上本月归集的全部生产费用

C. 月初在产品成本加上本月归集的全部生产费用减去月末在产品成本
D. 本月的生产费用在完工产品和在产品之间分配后，由完工产品负担的部分
8. 采用在产品按年初数固定计算法，月末在产品成本为(　　)。
A. 月初在产品成本加上本月归集的全部生产费用减去月末在产品成本
B. 本月的生产费用在完工产品和在产品之间分配后，由在产品负担的部分
C. 本月归集的全部生产费用
D. 月初在产品成本
9. 采用在产品按原材料费用计价法，计算月末在产品成本，需要考虑一下哪个因素(　　)。
A. 耗用材料费用　　B. 在产品定额工时
C. 在产品完工程度　　D. 人工成本
10. 月末在产品数量较多，但是各月之间月末在产品数量差别不大的企业，分配完工产品和在产品成本时应采用(　　)。
A. 在产品按年初数固定计算法　　B. 约当产量法
C. 在产品按原材料费用计价法　　D. 定额成本法
11. 计算在产品完工程度时，不需要考虑一下哪个因素(　　)。
A. 前面各工序累计工时定额　　B. 本工序工时定额
C. 单位完工产品工时定额　　D. 各工序平均工时
12. 甲产品的生产需要经过三道工序，第一道工序工时定额为 40 小时，第二道工序工时定额为 30 小时，第三道工序工时定额为 30 小时，则第二道工序的完工程度为(　　)。
A. 70%　　B. 20%　　C. 55%　　D. 5%
13. 月末在产品数量较多且各月之间差距较大，但是产品成本中直接材料占比较大的企业，计算在产品成本时，应采用的方法是(　　)。
A. 在产品按原材料费用计价法　　B. 约当产量法
C. 定额成本法　　D. 定额比例法

三、多项选择题

1. 下列属于广义在产品的有(　　)。
A. 正在车间加工中的在产品　　B. 需要继续加工的半成品
C. 等待验收入库的产品　　D. 正在返修和等待返修的废品
2. 在产品盘盈可能会涉及以下哪些账户(　　)。
A. 待处理财产损溢——待处理流动资产损溢
B. 基本生产成本
C. 其他应收款
D. 管理费用
3. 生产费用如何在完工产品和在产品之间分配，企业要考虑以下哪些因素的影响(　　)。
A. 在产品数量　　B. 各月在产品数量变动幅度
C. 单位成本的大小　　D. 各项费用比重的大小

4. 下列属于生产费用在完工产品与在产品之间的分配方法的有(　　)。
A. 在产品按年初数固定计算法　　B. 约当产量法
C. 定额成本法　　D. 交互分配法
5. 使用在产品按年初数固定计算法的企业，需要满足以下哪些条件(　　)。
A. 月末在产品数量较多
B. 各月之间月末在产品数量差别不大
C. 月末在产品数量不多
D. 各月之间月末在产品数量差别较大
6. 符合以下(　　)条件的企业，可以使用约当产量比例法分配完工产品和在产品成本。
A. 月末在产品数量较大
B. 各月末在产品数量变化不大
C. 各月末在产品数量变化也较大
D. 产品成本中材料费和加工费所占比重相差不多
7. 采用定额比例法分配完工产品和在产品费用，应具备的以下(　　)条件。
A. 各月末在产品数量变化较大
B. 各月末在产品数量变化不大
C. 各月末完工产品数量变化较大
D. 各项消耗定额或费用定额比较准确、稳定
8. 计算本月完工产品成本，一般情况下，需要考虑以下哪些因素(　　)。
A. 月初在产品成本　　B. 月末在产品成本
C. 本月发生的生产费用　　D. 上月完工产品成本
9. 材料的投料形式有(　　)。
A. 生产开始时一次投入　　B. 供应过程中陆续投入
C. 生产过程中陆续投入　　D. 生产过程中分阶段批量投入
10. 以下属于确定完工程度的方法有(　　)。
A. 按50%平均计算各工序完工率　　B. 分工序分别计算完工率
C. 按定额比例法计算　　D. 以上三种方法都行

四、判断题

(　　)1. 完工产品成本等于月初在产品成本加上本期发生的生产费用减去月末在产品成本。

(　　)2. 各月末的在产品数量变化不大的产品，不计算月末在产品成本，直接计入完工产品成本。

(　　)3. 原材料在生产开始时一次投入，直接材料的完工程度为100%。

(　　)4. 在产品成本按所耗材料费用计算成本法，适用于月末在产品数量较多、各月末在产品数量变化大且材料费用在成本中所占比重较大的企业。

(　　)5. 在产品是指没有完成全部生产过程、不能对外销售的产品。

(　　)6. 在产品包括正在车间加工中的在产品、需要继续加工的半成品、等待验收入库的产品，但不包括正在返修和等待返修的废品。

(　　)7. 由于在产品流动性较大，无法掌握动态情况，只要做好在产品实存数量的清查工作即可。

(　　)8. 在产品的管理与存货和固定资产一样，应该定期或不定期地进行清查，为正确计算完工产品成本和在产品成本提供准确资料。

(　　)9. 在产品发生盘盈时，经过有关部门批准核销盘盈时，计入营业外收入。

(　　)10. 月末在产品数量较多，但是各月之间月末在产品数量差别不大的企业在产品成本可以按年初数固定计算。

(　　)11. 月末在产品数量较多且各月之间差距较大，但是产品成本中直接材料占比较大的企业应该采用约当产量法。

(　　)12. 在产品按完工产品成本计算法是将在产品视同完工产品，直接按照完工产品和在产品的数量分配生产费用的一种方法。

(　　)13. 原材料一次投料，无论分为几个工序，每个工序的投料程度都是100%。

(　　)14. 采用不计算在产品成本法，每个月生产费用之和就是每个月完工产品成本。

(　　)15. 在产品按原材料费用计价法只考虑耗用材料费用，不计算直接人工和制造费用等其他加工成本。

五、计算分析题

1. 玫瑰公司主要生产 A 产品为主，由于玫瑰公司的在产品数量很少，对成本影响很小，为了简化核算工作，不计算在产品成本，4 月份发生本月发生的材料成本费用为：直接材料 68 500 元，直接人工 89 300 元，制造费用 18 400 元。

【要求】

计算玫瑰公司月末在产品成本和本月完工产品成本。

2. 百合公司生产 B 产品，在产品成本按固定成本计算，上月末在产品成本为：直接材料 3 000 元，直接人工 4 000 元，制造费用 1 000 元，本月发生的材料成本费用见下表：

产品成本计算单

成本项目	直接材料	直接人工	制造费用	合计
月初在产品成本	3 000	4 000	1 000	8 000
本月生产费用	36 800	49 500	11 000	97 300
生产费用累计				
本月完工产品成本				
月末在产品成本				

【要求】

1. 计算月末在产品成本和本月完工产品成本。

2. 编制产品成本计算单。

3. 牡丹公司生产 C 产品，产品成本中直接材料占比较大，采用在产品按原材料费用计价法，材料于生产开始时一次投入，月初在产品成本 4 500 元，月初在产品数量 800 件，本月投产 4 500 件，完工 4 800 件，月末在产品 500 件。本月发生生产费用合计 188 000 元，其中直接材料 128 000 元，直接人工 58 000 元，制造费用 12 000 元。

【要求】

计算月末在产品成本和本月完工产品成本。

4. 振丰公司生产甲产品，需要经过两道工序完成，原材料在每道工序中随生产陆续投入。各工序原材料消耗定额为 60 千克、40 千克；各工序的定额工时为 20 小时、30 小时。本月完工产品 3 600 件，月末在产品 1 800 件，其中第一道工序在产品 800 件，第二道工序在产品 1 000 件。月初在产品成本为直接材料 7 800 元，直接人工 18 000 元，制造费用 5 640 元，本月发生的生产费用为直接材料 27 928 元，直接人工 53 360 元，制造费用 12 200 元。

【要求】

计算月末在产品成本和本月完工产品成本。

5. 海港公司主要生产乙产品，采用定额成本法核算完工产品和月末在产品成本，本月完工产品 600 件，月末在产品 115 件，月末在产品单位定额成本为：直接材料 120 元，直接人工 45 元，制造费用 36 元，月初在产品成本和本月发生的生产费用见下表：

项目	直接材料	直接人工	制造费用	合计
月初在产品成本	12 000	4 500	3 600	20 100
本月发生费用	68 500	48 600	23 400	140 500

【要求】

计算月末在产品成本和本月完工产品成本。

6. 沿海公司生产丙产品，本月完工产品 830 件，月末在产品 170 件，单位完工产品定额耗用量为 14 公斤，定额工时为 18 小时，单位在产品定额耗用量为 7 公斤，定额工时为 9 小时，月初在产品成本和本月发生的生产费用见下表：

项目	直接材料	直接人工	制造费用	合计
月初在产品成本	16 120	7 855	1 176	25 151
本月发生费用	650 000	36 614	12 000	698 614

【要求】

计算月末在产品成本和本月完工产品成本。

第七章　产品成本计算的基本方法——品种法

一、填空题

1. 企业应该根据________和选择适合企业的成本计算方法。

2. 工业企业的生产根据生产组织特点可以分为________、________和________三种类型。

3. 工业企业的生产按照工艺过程划分，可以分为________和________两种类型。

4. 生产类型主要影响的是企业________的确定。

5. 产品成本计算的基本方法有________、________和________。

6. 品种法是以产品的________为成本计算对象，归集费用，计算产品成本的一种方法。

二、单项选择题

1. 区别各种成本计算基本方法的依据是(　　)。

A. 成本计算期　　B. 辅助生产成本分配方法

C. 间接费用的分配方法　　D. 成本计算对象

2. 下列不属于成本计算的基本方法的是(　　)。

A. 交互分配法　　B. 品种法　　C. 分步法　　D. 分批法

3. 关于品种法的说法正确的是(　　)。

A. 适用于管理上要求分步骤计算成本的多步骤生产的企业

B. 品种法是所有企业都使用的一种方法

C. 品种法下一般没有在产品

D. 适用于单步骤生产或管理上不要求分步骤计算成本的多步骤生产的企业

4. 品种法适用于(　　)的企业。

A. 大量大批生产　　B. 小批单件生产　　C. 单步骤生产　　D. 大量成批生产

5. 品种法(　　)作为成本计算对象。

A. 产品品种　　B. 产品批次　　C. 产品类别　　D. 产品定额

6. 采用品种法核算，对于几种产品共同耗用的费用，则需要按照各产品的(　　)分别开设成本明细账。

A. 品种　　B. 批次　　C. 类别　　D. 工时

三、多项选择题

1. 工业企业的生产根据生产组织特点，可以分为(　　)。

A. 大量生产　　B. 成批生产　　C. 单件生产　　D. 多件生产

2. 工业企业的生产按照工艺过程划分，可以分为(　　)。

A. 单步骤生产　　B. 多步骤生产　　C. 大量生产　　D. 成批生产

3. 下列不属于品种法的特点有(　　)。

A. 按月计算产品成本

B. 不需要计算月末在产品成本

C. 成本计算期与生产周期基本一致

D. 以产品品种作为成本计算对象

4. 适合使用品种法计算产品成本的企业有(　　)。

A. 发电企业　　B. 采矿企业　　C. 供水企业　　D. 燃气企业

5. 品种法的成本计算程序包括以下(　　)步骤。

A. 按产品品种设置基本生产成本明细账

B. 归集成本对象发生的生产费用

C. 分配生产费用

D. 计算结转完工产品成本

6. 单步骤生产或管理上不要求分步骤计算成本的多步骤生产的企业可以选择(　　)成本计算方法。

A. 品种法　　B. 分批法　　C. 分步法　　D. 交互分配法

7. 采用品种法计算产品成本，满足(　　)时，可以不计算在产品成本。

A. 没有在产品

B. 在产品数量很少，占用的生产费用数额不大

C. 在产品数量很少，占用的生产费用数额较大

D. 在产品数量很多，并且占用的生产费用数额较大

8. 以下属于产品成本计算方法的有(　　)。

A. 品种法　　B. 分步法　　C. 分批法　　D. 分类法

四、判断题

(　　)1. 成批生产是指按照事先规定的产品批别和数量进行的生产。

(　　)2. 工业企业的生产按照生产组织特点划分，可以分为单步骤生产和多步骤生产两种类型。

(　　)3. 正确确定成本对象，是保证成本核算质量的关键问题。

(　　)4. 单步骤生产或管理上不要求分步骤计算成本的多步骤生产的企业只能使用品种法核算生产成本。

(　　)5. 单步骤生产是指生产过程在工艺上可以间断，可以分散不同时间、不同地点的产品生产。

(　　)6. 产品成本计算方法只有品种法、分步法和分批法三种。

(　　)7. 品种法的成本计算期与生产周期基本一致。

(　　)8. 品种法在满足特定条件的前提下可以不计算在产品成本。

(　　)9. 产品成本计算的品种法只适用于单步骤生产的企业或车间。

(　　)10. 成本计算程序是指对产品生产过程中所发生的各项费用，进行归集和分配，计算完工产品成本和月末在产品成本的过程。

五、计算分析题

1. 丰鹿公司主要生产甲、乙两种产品，完工产品和在产品成本分配采用定额比例法，2021 年 9 月份成本计算资料如下表：

项目	甲产品		乙产品	
	完工产品	月末在产品	完工产品	月末在产品
单位定额材料成本	40	20	50	35
单位定额工时	35	15	45	30
数量(件)	400	120	500	110

项目		直接材料	直接人工	制造费用
甲产品	月初在产品成本	1 800	1 500	1 500
	本月发生费用	16 784	53 800	11 930
乙产品	月初在产品成本	3 150	2 700	1 700
	本月发生费用	31 470	66 960	13 780

【要求】

计算甲产品和乙产品完工成本和期末在产品成本。

2. 丰水企业大量生产甲、乙两种产品，采用品种法计算产品成本，原材料于开工时一次性投入，2021 年 3 月份成本计算资料如表 7-1。

表 7-1　生产费用分配表　　金额单位：元

产品名称	完工产品数量	在产品数量	材料费用			人工费用			制造费用	
			单位定额耗用量	分配率	分配金额	生产工时	分配率	分配金额	分配率	分配金额
甲	3 600	400	31			86 000				
乙	2 600	600	37			34 000				
合计	6 200	1 000	68		290 920	120 000		72 000		42 000

【要求】

分配各项生产费用，完成表 7-1；

采用约当产量法计算甲产品和乙产品完工成本和期末在产品成本，将计算结果填入

表 7-2和表 7-3。(计算结果保留至小数点后两位)

表 7-2 产品成本计算单

产品名称:甲产品　　2021 年 3 月　　在产品完工程度:50%

项　目	直接材料	直接人工	制造费用	合　计
月初在产品成本	18 600	20 600	19 300	
本月生产费用				
生产费用累计				
月末在产品约当产量				
约当产量				
单位成本				
完工产品成本				
月末在产品成本				

表 7-3 产品成本计算单

产品名称:乙产品　　2021 年 3 月　　在产品完工程度:30%

项　目	直接材料	直接人工	制造费用	合　计
月初在产品成本	18 920	4 620	610	
本月生产费用				
生产费用累计				
月末在产品约当产量				
约当产量				
单位成本				
完工产品成本				
月末在产品成本				

3. 正丰公司生产甲、乙两种产品,采用品种法计算产品成本,设有一个基本生产车间、一个供电车间和一个机修车间为其提供服务。2021 年 6 月有关成本计算资料如下:

(1)甲产品生产工时 4 000 小时,直接材料 11 500 元,直接人工 4 200 元。

(2)乙产品生产工时 6 000 小时,直接材料 15 900 元,直接人工 5 700 元。

(3)基本生产车间机物料消耗 600 元,车间管理人员工资 2 300 元,折旧费 350 元。

(4)供电车间发生费用 18 620 元,本月供电 56 200 度,其中:机修车间 3 000 度,甲产品 20 000 度,乙产品 25 000 度,基本生产车间 5 000 度,行政管理部门 3 200 度。机修车间本月没有为基本生产车间提供劳务。

(5)正丰公司采用定额成本法计算产品成本,定额资料如下表:

项　目	直接材料	直接人工	制造费用	合　计
甲产品单位定额成本	50	30	20	100
甲产品月初在产品成本	2 500	1 500	1 000	5 000
乙产品单位定额成本	60	35	15	110
乙产品月初在产品成本	3 600	2 100	900	6 600

【要求】

(1) 采用直接分配法分配本月供电车间的辅助生产费用；

(2) 按生产工时比例分配制造费用；

(3) 采用定额成本法分配甲产品和乙产品的生产费用，完成甲产品和乙产品成本计算单。(计算结果保留小数点后两位)

第八章　产品成本计算的基本方法——分批法

一、单项选择题

1. 下列各项中，属于简化分批法特点的是(　　)。

A. 分批计算完工产品成本

B. 分批计算月末在产品成本

C. 生产费用横向分配与纵向分配合并在一起进行

D. 各项生产费用均不必在各批产品之间进行分配

2. 下列各种产品成本计算方法，适用于单件、小批生产的是(　　)。

A. 品种法　　B. 分批法

C. 逐步结转分步法　　D. 平行结转分步法

3. 在小批单件多步骤生产的情况下，如果管理不要求分步计算产品成本，应采用的成本计算方法是(　　)。

A. 分批法　　B. 分步法　　C. 分类法　　D. 定额成本法

4. 下列各项中，属于各种产品成本计算方法都必须提供的是(　　)。

A. 按品种反映的产品成本　　B. 按批别反映的产品成本

C. 按生产步骤反映的产品成本　　D. 产品定额成本

5. 简化的分批法是(　　)。

A. 不计算在产品成本的分批法　　B. 不分批计算在产品成本的分批法

C. 不分批计算完工产品成本的分批法　　D. 分批计算完工产品和在产品成本的分批法

6. 区分各种产品成本计算基本方法的标志是(　　)。

A. 成本计算期间　　B. 成本计算对象

C. 间接计入费用的分配方法　　D. 在产品费用的分配方法

7. 累计间接费用分配率应用于(　　)。

A. 简化的品种法　　B. 简化的分批法

C. 分批法　　D. 分步法

8. 采用分批法计算产品成本，如果月末某批产品完工数量较多，下列各种方法中，正确计算该批完工产品成本的方法是(　　)。

A. 按计划单位成本计算　　B. 按定额单位成本计算

C. 按近期同种产品实际单位成本计算　　D. 按约当产量比例法分配计算

9. 产品成本计算不定期，一般也不存在完工产品与在产品之间费用分配问题的成本计算方法是(　　)。

A. 平行结转分步法　　B. 逐步结转分步法

C. 分批法　　D. 品种法

10. 下列方法中，必须设置基本生产成本二级账的是(　　)。

A. 简化的品种法　B. 分类法　C. 简化的分批法　D. 定额法

11. 采用简化的分批法计算产品成本，基本生产成本二级账与产品成本明细账无法核对的项目是(　　)。

A. 月末在产品原材料项目余额　B. 月末在产品生产工时项目余额

C. 月末在产品间接计入费用项目余额　D. 完工产品成本合计数

12. 下列情况下，不适宜采用简化分批法的是(　　)。

A. 各月间接计入费用水平相差较多　B. 产品的批数较多

C. 月末未完工产品批数较多　D. 累计间接计入费用数额较大

13. 如果在同一时期内，在几张订单中有相同的产品，则计算成本时可以(　　)。

A. 按订单分批组织生产　B. 按品种分批组织生产

C. 按产品的组成部分分批组织生产　D. 将相同产品合为一批组织生产

14. 某企业采用分批法计算产品成本。该企业不同日期投产的产品作为不同的批别，分别计算产品成本。5 月 5 日投产甲产品 3 件，乙产品 2 件；5 月 15 日投产甲产品 4 件，丙产品 3 件；5 月 25 日投产乙产品 3 件；5 月 26 日投产丙产品 2 件。该企业 5 月份应开设产品成本明细账的张数是(　　)。

A. 3 张　B. 4 张　C. 5 张　D. 6 张

15. 简化的分批法与一般分批成本法的主要区别是(　　)。

A. 不分配间接费用　B. 分批计算直接材料成本

C. 不分批计算在产品成本　D. 不分批计算完工产品成本

16. 分批法适用的生产组织形式是(　　)。

A. 大量生产　B. 成批生产　C. 单件生产　D. 单件小批生产

17. 采用简化的分批法，在产品完工之前产品成本明细账(　　)。

A. 只登记直接材料费用　B. 只登记间接费用，不登记直接费用

C. 登记间接费用和生产工时　D. 登记直接材料费用和生产工时

二、多项选择题

1. 采用分批法计算产品成本时，如果出现批内产品跨月陆续完工的情况，为了简化成本计算，可以(　　)计算完工产品成本。

A. 按计划单位成本　B. 按定额单位成本

C. 按近期相同产品的实际单位成本　D. 按实际单位成本

2. 简化的分批法的适用范围的应用条件是(　　)。

A. 同一月份投产的产品批数很多　B. 月末完工产品的批数较多

C. 各月间接费用水平相差不多　D. 各月生产费用水平相差不多

E. 月末未完工产品批数较多

3. 采用简化的分批法(　　)。

A. 必须设立基本生产成本二级账

B. 在产品完工之前，产品成本明细账只登记直接计入费用(如原材料费用)和生产工时

C. 在基本生产成本二级账中登记间接计入费用

D. 不分批计算在产品成本

4. 下列各项中，采用分批法时，可以作为一个成本计算对象的有(　　)。

A. 不同订单中的同种产品　　B. 同一订单中的不同种产品

C. 同一订单中的同种产品　　D. 大型复杂产品的某个组成部分

5. 成本计算分批法的特点是(　　)。

A. 产品成本计算期与产品生产周期基本一致，成本计算不定期

B. 无须将生产费用在完工产品与在产品之间进行分配

C. 比较适用于冶金、纺织、造纸企业

D. 以成本计算品种法原理为基础

6. 采用简化的分批法，基本生产成本二级账与产品成本明细账可以逐月核对的项目有(　　)。

A. 月末在产品原材料项目余额　　B. 月末在产品工资及福利费项目余额

C. 月末在产品制造费用项目余额　　D. 月末在产品生产工时项目余额

7. 分批法和品种法主要区别是(　　)。

A. 成本计算对象　B. 成本计算期　C. 生产周期　D. 会计核算期

8. 累计间接费用分配率是(　　)。

A. 在各车间产品之间分配间接费用的依据

B. 在各批产品之间分配间接费用的依据

C. 在完工批别与月末在产品批别之间分配各该费用的依据

D. 在某批产品的完工产品与月末在产品之间分配该费用的依据

三、判断题

(　　)1. 分批法是按照产品的生产步骤归集生产费用，计算产品成本的一种方法。

(　　)2. 分批法一般不需要在完成产品和期末在产品之间分配生产费用，但一批产品跨月陆续完工时，也需要进行分配。

(　　)3. 采用分批法计算产品成本批内部分完工产品按计划单位成本计算结转后，待该批产品全部完工，还应计算该批产品实际总成本，并调整前期完工产品实际成本与计划成本的差异。

(　　)4. 采用简化的分批方法，必须设立基本生产成本二级账。

(　　)5. 采用累计间接费用分配法，在间接费用水平相差悬殊的情况下，会影响成本的正确性。

(　　)6. 简化的分批法就是不分批计算在产品成本的分批法。

(　　)7. 批别不一定与订单等同。

(　　)8. 简化的分批法就是不分批计算在产品成本的分批法。

(　　)9. 在简化的分批法下，月末完工产品的批数越多，核算工作就越复杂。

四、计算分析题

1. 某企业生产甲、乙、丙三种产品，材料均在生产开始时一次投入，生产组织属于小批生产，采用分批法计算成本。

2021 年 7 月份的产品批号及投产情况如下：

（1）7 月份生产的产品批号有：101 甲产品 10 台，本月投产，本月完工 6 台；102 乙产品 20 台，本月投产，本月尚未完工；103 丙产品 10 台，本月投产，本月完工 2 台。

（2）7 月份各批号的生产费用资料见下表。

批号	直接材料	直接人工	制造费用
101	33 600	23 500	28 000
102	17 580	8 907	6 089
103	46 000	30 500	19 800

101 甲产品完工数量较大，原材料在生产开始时一次投入，其他费用在完工产品与在产品之间采用约当产量法分配，在产品完工程度为 50%。

103 丙产品完工数量少，完工产品按计划成本结转。每台产品计划成本为：直接材料 4 600元，直接人工 3 500 元，制造费用 2 400 元。

【要求】

根据上述资料，采用分批法，登记产品成本明细账，计算各批产品的完工成本和月末在产品成本。

产品成本明细账

批号：　　　　　　　　产品名称：　　　　　　　　投产日期：

批量：　　　　　　　　　　　　　　　　　　　　　完工时期：

年		摘　要	直接材料	直接人工	制造费用	合　计
月	日					

产品成本明细账

批号：　　　　　　　　产品名称：　　　　　　　　投产日期：

批量：　　　　　　　　　　　　　　　　　　　　　完工时期：

年		摘　要	直接材料	直接人工	制造费用	合　计
月	日					

产品成本明细账

批号： 产品名称： 投产日期：

批量： 完工时期：

年		摘 要	直接材料	直接人工	制造费用	合 计
月	日					

2. 某工业企业小批生产多种产品，为了简化核算，采用简化分批法计算成本。该企业2021年9月份各批产品的资料如下：

（1）各批产品投入产出情况：

第201批：A产品5件，8月投产，本月完工；

第202批：B产品10件，8月投产，本月完工8件；

第203批：C产品9件，8月投产，尚未完工；

第204批：D产品4件，9月投产，尚未完工。

（2）基本生产二级账中各批产品总费用情况：

原材料费	生产工时	直接人工费	制造费用	合计
270 000 元	83 400 元	113 400 元	151 200 元	534 600 元

（3）三级明细账中(各批产品成本明细账)完工产品资料：

材料采用一次投料方式，完工产品工时63 000小时。

	直接材料	直接人工
201 批次(A 产品)	70 000 元	26 000 小时
202 批次(B 产品)	82 000 元	37 000 小时
203 批次(A 产品)	58 000 元	10 400 小时
204 批次(B 产品)	60 000 元	10 000 小时

基本生产成本二级账

年		摘要	直接材料	工时	直接人工	制造费用	合计
月	日						

在产品 0611 产品成本明细账

批号：　　　　　　　　　　　　产品名称：　　　　　　　　　　　　投产日期：
批量：　　　　　　　　　　　　　　　　　　　　　　　　　　　　　完工时期：

年		摘要	直接材料	工时	直接人工	制造费用	合计
月	日						

产品成本明细账

批号：　　　　　　　　　　　　产品名称：　　　　　　　　　　　　投产日期：
批量：　　　　　　　　　　　　　　　　　　　　　　　　　　　　　完工时期：

年		摘要	直接材料	工时	直接人工	制造费用	合计
月	日						

产品成本明细账

批号：　　　　　　　　　　　　产品名称：　　　　　　　　　　　　投产日期：
批量：　　　　　　　　　　　　　　　　　　　　　　　　　　　　　完工时期：

年		摘要	直接材料	工时	直接人工	制造费用	合计
月	日						

产品成本明细账

批号：　　　　　　　　　　　　产品名称：　　　　　　　　　　　　投产日期：
批量：　　　　　　　　　　　　　　　　　　　　　　　　　　　　　完工时期：

年		摘要	直接材料	工时	直接人工	制造费用	合计
月	日						

3. 某企业小批生产多种产品，采用简化分批法计算成本。月末甲产品全部完工，乙产品完工 4 件，丙产品全部在制。完工的乙产品生产工时为 1 500 小时。材料采取一次投入方式，采用约当产量分配完工产品和在产品成本。生产成本资料如下：

基本生产成本二级账

	材料	工时	人工费	制造费用	合计
6 月份发生	140 000	4 000	24 000	16 000	100 000
7 月份发生		6 000	36 000	24 000	140 000
8 月份发生	50 000	5 000	30 000	20 000	100 000
累计数					
分配率					
完工转出					
月末在产品					

基本生产成本明细账

产品名称： 甲产品批号：10# 投产量：30 件

	材料	工时	人工费	制造费用	合计
6 月份发生	60 000	4 000			
7 月份发生		2 000			
8 月份发生		1 000			

产品名称： 乙产品批号：20# 投产量：20 件

	材料	工时	人工费	制造费用	合计
6 月份发生	80 000	4 000			
7 月份发生		2 500			
8 月份发生		1 000			

产品名称： 丙产品批号：201 投产量：15 件

	材料	工时	人工费	制造费用	合计
8 月份发生	50 000	1 500			

【要求】

（1）根据上列资料，登记基本生产成本二级账和各批产品成本明细账。

（2）计算和登记累计间接费用分配率。

（3）计算各批完工产品成本。

4. 某企业2021年7月份的产品批号及投产情况如下：201号：甲产品8件，5月投产，本月全部完工；202号：乙产品20件，5月投产，尚未完工；203号：丙产品10件，6月投产，本月完工5件；204号：丁产品16件，7月投产，本月尚未完工。在产品完工率80%，材料系一次投入，完工产品工时2 920小时。该企业生产成本资料如下：

基本生产成本二级账

2021年		摘要	原材料	生产工时	燃料及动力	工资及福利费	制造费用	合计
月	日							
5	31	余额	6 900	1 640	444	750	590	8 684
6	30	余额	3 700	1 800	512	855	826	5 893
7	31	本月发生额	3 880	2 700	886	1 772	1040	7 578
	31	累计数						
	31	累计分配率						
	31	完工转出						
	31	月末在产品						

产品成本明细账

批号：　　　　投产日：　　　　投产数量：

名称：甲产品　　　　完工日：　　　　完工数量：

年		摘要	原材料	生产工时	燃料及动力	工资及福利费	制造费用	合计
月	日							
5	31	余额	4 500	1 000				
6	30	余额	480	800				
7	31	本月发生额	320	620				

产品成本明细账

批号：　　　　投产日：　　　　投产数量：

名称：乙产品　　　　完工日：　　　　完工数量：

年		摘要	原材料	生产工时	燃料及动力	工资及福利费	制造费用	合计
月	日							
5	31	余额	2 400	640				
6	30	余额	720	400				
7	31	本月发生额	480	1 020				

产品成本明细账

批号： 投产日： 投产数量：
名称：丙产品 完工日： 完工数量：

年		摘要	原材料	生产工时	燃料及动力	工资及福利费	制造费用	合计
月	日							
6	30	本月发生额	2 500	600				
7	31	本月发生额	1 200	280				
7	31	累计数	3 700	880				

产品成本明细账

批号： 投产日： 投产数量：
名称：丁产品 完工日： 完工数量：

年		摘要	原材料	生产工时	燃料及动力	工资及福利费	制造费用	合计
月	日							
7	31	本月发生额	1 880	780				

【要求】

（1）采用累计间接费用分配率的方法计算各批产品的完工产品成本和月末在产品成本。

（2）登记基本生产成本二级账和产品成本明细账，并将“基本生产成本二级账”的余额和各批“产品成本明细账”中的月末在产品余额核对相符。

第九章　产品成本计算的基本方法——分步法

一、填空题

1. 产品成本计算的分步法，是按照产品的________和________归集生产费用、计算产品成本的一种方法。

2. 分步法适用于________生产，如纺织、冶金、造纸、大批大量的机器制造等企业。

3. 在实际工作中，根据成本管理对各生产步骤成本资料的不同要求，各生产步骤成本的计算和结转可采用________和________两种方法。

4. 逐步结转分步法又称________计算，是指为了________而采用的一种分步法。

5. 逐步结转分步法实际上就是________的多次连接运用，每一个步骤均在运用________。

6. 采用分项结转法，是将各生产步骤所耗________，按照分项结入各该生产步骤产品成本明细账的各个成本项目中。

7. ________适用于半成品种类较多，但很少对外销售的企业，即不需要提供各步骤半成品成本资料的企业。

8. 平行结转分步法，在实际计算时，要分成本项目来计算它的分配率，按成本项目分配时可采用________或者________来计算。

二、单项选择题

1. 企业成本管理如果要求计算和结转各步骤半成品成本，应采用的成本计算方法是(　　)。

A. 品种法　　B. 分批法

C. 逐步结转分步法　　D. 平行结转分步法

2. 企业各步骤的半成品成本不随半成品的实物转移而结转的成本计算方法是(　　)。

A. 分批法　　B. 简化的分批法

C. 逐步结转分步法　　D. 平行结转分步法

3. 适用于分步法计算产品成本的企业是(　　)。

A. 冶炼钢铁　　B. 采掘　　C. 发电　　D. 面粉生产

4. 下列方法中，不计算半成品成本的分步法是(　　)。

A. 平行结转分步法　　B. 分项结转分步法

C. 综合结转分步法　　D. 逐步结转分步法

5. 采用平行结转分步法，在完工产品与在产品之间分配费用，是指在(　　)之间的费用分配。

A. 产成品与月末在产品

B. 完工半成品与月末加工中的在产品

C. 前面步骤的完工半成品与加工中在产品，最后步骤的产成品与加工中在产品
D. 产成品与广义在产品

三、多项选择题

1. 确定产品成本计算方法的主要因素有(　　)。
A. 成本计算期　　B. 成本计算对象
C. 成本计算步骤　　D. 生产费用在完工产品与在产品之间的分配方法
2. 适宜采用逐步结转分步法的情况包括(　　)。
A. 半成品品种不多
B. 逐步结转半成品成本工作量不大
C. 管理上要求提供各步骤半成品成本资料
D. 管理上要求不提供各步骤半成品成本资料
3. 连续式生产采用平行结转分步法计算产品成本，第二生产步骤的广义在产品可能包括(　　)。
A. 第一生产步骤正在加工的产品　　B. 第二生产步骤正在加工的在产品
C. 第二生产步骤完工入库的半成品　　D. 第三生产步骤正在加工的在产品
4. 平行结转分步法的特点是(　　)。
A. 各步骤半成品成本要随着半成品实物的转移而转移
B. 各步骤半成品成本不随着半成品实物的转移而转移
C. 成本计算对象是完工产品成本份额
D. 不需要计算转出完工半成品成本
5. 采用逐步结转分步法，按照结转的半成品成本在下一步骤产品成本明细账中的反映方法，可分为(　　)。
A. 平行结转法　　B. 按计划成本结转法
C. 综合结转法　　D. 分项结转法

四、计算分析题

1. 仁达企业甲产品由三个基本生产车间顺序进行加工，半成品不通过半成品库收发，直接转移下车间加工，半成品按实际成本计价，采用平行结转分步法计算成本。按约当产量法在产成品和月末在产品之间划分成本，原材料在第一车间一次投入，狭义在产品的完工程度均按本车间加工量的50%计算。

该企业2020年7月份的有关成本计算资料如下：

产量记录　　　　单位：件

项　目	一车间	二车间	三车间
月初在产品数量	120	180	150
本期投产数量	680	600	550
完工转出数量	600	550	570
期末在产品数量	200	230	130

生产费用记录

单位：元

成本项目	期初在产品成本			本期发生费用		
	一车间	二车间	三车间	一车间	二车间	三车间
直接材料	91 000			530 500		
直接人工	9 000	6 600	1 300	63 100	54 525	12 670
制造费用	6 000	3 500	1 000	45 500	29 100	10 430

【要求】

按平行结转分步法编制各步骤成本明细账及产品成本汇总计算表。

第一车间基本生产明细账

一车间甲产品　　2020 年 7 月

摘　　要	直接材料	直接人工	制造费用	合计
月初在产品成本	91 000	9 000	6 000	106 000
本月发生费用	530 500	63 100	45 500	639 100
合　计	621 500	72 100	51 500	745 100
分配率	550	70	50	670
计入产成品成本份额				
月末在产品成本	308 000	32 200	23 000	363 200

第二车间基本生产明细账

二车间甲产品　　2020 年 7 月

摘　　要	直接人工	制造费用	合计
月初在产品成本	6 600	3 500	10 100
本月发生费用	54 525	29 100	83 625
合计	61 125	32 600	93 725
分配率	75	40	115
计入产成品成本份额			
月末在产品成本	18 375	9 800	28 175

第三车间成本计算单

三车间甲产品　　2020 年 7 月

摘　要	直接人工	制造费用	合计
月初在产品成本	1 300	1 000	2 300
本月发生费用	12 670	10 430	23 100
合计	13 970	11 430	25 400
分配率	22	18	40
计入产成品成本份额			
月末在产品成本	1 430	1 170	2 600

产品成本汇总表

品名：甲产品　　2020 年 7 月　　完工产品数量：570 件

摘　要	直接材料	直接人工	制造费用	合计
一车间份额				
二车间份额				
三车间份额				
产成品总成本				
产品单位成本				

2. 某企业设有两个基本生产车间，只生产一种甲产品。第一车间生产的半成品直接转入第二车间继续加工成为产成品，该产品生产所耗原材料系生产开始时一次投料，各车间在产品成本均按约当产量法计算。该企业 8 月份产量记录和成本资料下：

产量记录

项目	第一车间	第二车间
月初在产品	10	35
本月投入或上步骤转入	110	100
本月完工	100	125
月末在产品	20	10
在产品完工程度	50%	50%

有关成本资料

	摘要	直接材料（自制半成品）	直接人工	制造费用	合计
一车间	月初在产品成本	2 000	400	20	2 420
	本月发生费用	22 000	1 800	200	24 000
二车间	月初在产品成本	2 800	340	140	3 280
	本月发生费用		1 100	820	1 920

【要求】

根据以上资料采用逐步综合结转分步法计算各个步骤的生产成本，并编制一、二车间产品成本计算单。(成本保留两位小数)

第一步骤产品成本计算单

甲半成品　　完工数量：100 件

摘要	直接材料	直接人工	制造费用	合计
月初在产品成本	2 000	400	20	2 420
本月发生费用	22 000	1 800	200	24 000

续表

摘要	直接材料	直接人工	制造费用	合计
生产费用合计	24 000	2 200	220	26 420
完工产品	100	100	100	—
在产品约当产量	20	10	10	—
约当总产量	120	110	110	—
单位成本	200	20	2	222
完工产品成本				
月末在产品成本	4 000	200	20	4 220

第二步骤产品成本计算单

甲产成品　　　　完工数量：125 件

摘要	自制半成品	直接人工	制造费用	合计
月初在产品成本	2 800	340	140	3 280
本月发生费用	22 200	1 100	820	24 120
生产费用合计	25 000	1 440	960	27 400
完工产品	125	125	125	—
在产品约当产量	10	5	5	—
约当总产量	135	130	130	—
单位成本	185. 19	11. 08	7. 38	203. 65
完工产品成本				
月末在产品成本	1 851. 25	55	37. 5	1 943. 75

第十章　成本报表的编制与分析

一、单项选择题

1. 采用连环替代法，可以揭示(　　)。

A. 实际数与计划数之间的差异

B. 产生差异的因素

C. 产生差异的因素和各因素的变动原因

D. 产生差异的因素和各因素的影响程度

2. 可比产品降低额与可比产品降低率之间的关系是(　　)。

A. 成反比　　B. 成正比

C. 同方向变动　　D. 无直接关系

3.. 为确定某一经济指标各个组成部分占总体的比重以掌握该项经济活动的特点和变化趋势的方法是(　　)。

A. 因素分析方法　　B. 相关比率分析法

C. 趋势比率分析法　　D. 构成比率分析法

4. 成本报表属于(　　)。

A. 对内报表　　B. 对外报表

C. 既是对内报表，又是对外报表　　D. 对内或是对外，由企业自行决定

5. 填制商品产品成本表必须做到(　　)。

A. 可比、不可比产品必须分别填列

B. 可比、不可比产品可合并填列

C. 既可分别，也可合并填列

D. 填列时无须划分可比、不可比产品

6. 以某个项目和其他有关但又不同的项目加以对比求出比率以便更深入地认识某方面的生产经营情况的分析方法是(　　)。

A. 因素分析方法　　B. 相关比率分析法

C. 趋势比率分析法　　D. 构成比率分析法

7. 成本利润率属于(　　)。

A. 因素分析法　　B. 相关比率分析法

C. 趋势比例分析法　　D. 构成比率分析法

8. 差额计算法的计算程序是(　　)。

A. 首先确定各因素对经济指标差异数的影响

B. 首先确定各因素的实际数与基数的差额

C. 首先确定各因素的分析方法

D. 首先替换各个基数指标

9. 下列不属于成本报表的是(　　)。
A. 商品产品成本表　　B. 主要产品单位成本表
C. 现金流量表　　D. 制造费用明细表
10. 产品单位成本分析的重点是(　　)。
A. 直接工资项目的分析　　B. 制造费用的分析
C. 直接材料成本项目的分析　　D. 管理费用的分析

二、多项选择题

1. 比率分析法主要包括(　　)。
A. 构成比率分析法　　B. 连环替代分析法
C. 差额计算法　　D. 相关比率分析法
E. 指标对比分析法
2. 下列有关主要产品单位成本表说法正确的是(　　)。
A. 从成本总额角度揭示了主要产品的成本状况
B. 能够提供成本构成情况的信息，便于成本分析
C. 有利于揭示各成本项目的增减变动情况、趋势及原因
D. 有利于从技术与经济的结合上寻求降低产品成本的途径
E. 能够进一步提供成本构成项目的明细资料和揭示成本变动趋势
3. 在应用连环替代法时，应注意(　　)。
A. 因素分解的相关性　　B. 分析前提的假定性
C. 因素替代的顺序性　　D. 顺序替代的连环性
E. 结果的可验证性
4. 影响可比产品成本计划完成情况的因素有(　　)。
A. 产品产量　　B. 产品总成本
C. 产品品种构成　　D. 产品单位成本
E. 产品定额消耗量
5. 商品产品成本表将全部产品划分为可比产品和不可比产品两类，不可比产品是指(　　)。
A. 本年度初次生产的新产品
B. 以前年度已生产过，但在以前仅为试制而并未正式投产的产品
C. 以前年度正式生产过，有完整历史成本资料已验收入库的产成品
D. 以前年度正式生产过，有完整历史成本资料的已对外销售的半成品和已完成的服务
E. 以前年度正式生产过，缺乏完整的可比成本资料的产品
6. 主要产品单位产品表反映的单位成本包括(　　)。
A. 本月实际　　B. 同行业同类产品实际
C. 历史先进水平　　D. 本年计划
E. 上年实际平均
7. 工业企业成本报表包括(　　)。
A. 商品产品成本表　　B. 成本计算单

C. 制造费用明细表　　D. 完工产品成本表

E. 主要产品单位成本表

8. 为了保证成本信息的质量，充分发挥成本报表的作用，成本报表的编制应符合(　　)。

A. 计算必须精确　　B. 内容必须完整

C. 数字必须真实　　D. 指标必须实用

E. 编报必须及时

9. 企业编制的成本报表中，除了商品产品成本表和主要产品单位成本表外，还要编制的其他成本报表有(　　)。

A. 制造费用明细表　　B. 财务费用明细表

C. 管理费用明细表　　D. 营业费用明细表

E. 产品单位成本明细表

10. 下列指标中属于相关比率的有(　　)。

A. 产值成本率　　B. 成本降低率

C. 成本利润率　　D. 销售收入成本率

E. 直接人工费用比率

三、判断题

(　　)1. 商品产品成本表的基本报表部分应按可比产品和不可比产品分别填列。

(　　)2. 对大多数企业而言，可比产品成本是成本分析的重点也是企业降低成本的重点。

(　　)3. 制造费用明细账只需列出“上年同期实际数”及“本年累计实际数”两栏数字。

(　　)4. 成本报表是根据产品成本和期间费用的核算资料以及其他有关资料编制的。

(　　)5. 可比产品是指以前年度正式生产过，有完整历史成本资料的产品，包括已验收入库的产成品、已对外销售的半成品和已经完成的服务。

(　　)6. 成本报表的种类、格式、内容及编制方法，可以由企业根据其生产经营的特点和管理要求自行确定。

(　　)7. 趋势比率分析法既可用于评价企业的经营业绩，又可用于进行成本预测。

(　　)8. 主要产品单位成本表中“主要技术经济指标”是指该种产品主要原材料的耗用量，根据业务技术核算资料填列。

(　　)9. 商品产品成本表中的补充资料部分，只填列单位成本、本月总成本及产值成本率。

(　　)10. 主要产品单位成本表从成本角度揭示了主要产品的成本状况。